京都が観光で滅びる日

日本を襲うオーバーツーリズムの脅威

村山祥栄

ワニブックス
|PLUS|新書

はじめに

2019年（平成31年）4月、衝撃の発表があった。

公益社団法人日本観光振興協会が発表したゴールデンウィークの混雑予想だ。「全国の主要観光地の中で、最も混雑が少ない観光地は京都だ」という発表だった。この年のゴールデンウィークは、令和への御代替わりに伴い10連休という超大型連休で、国際便はつぎつぎ満席となり、全国各地も大混雑が予想されていた最中の発表である。このニュースはヤフーのトップになるなど、全国的にも話題を呼んだニュースだったが、ご当地京都の観光関係者はさぞ慌てたことだろう。各報道には「穴場」という〝好意的〟な表現が用いられたが、国民が京都を敬遠していることに変わりはなかった。結果的に、この報道もあって、その後続々と京都の宿泊施設は埋まっていったが、京都で何かが起きているということを感じるには十分なインパクトを与えたニュースだった。

そう、京都で何かが起きている。

京都は観光分野において、常に国内のトップを走り続けてきた。

他に類を見ない膨大な歴史遺産と長年にわたる観光行政の積み上げは他の追随を許さないものであった。国家戦略としての観光立国日本、ビジット・ジャパン・キャンペーン、そして世界的な観光客数の爆発的増加という追い風を受け、さらなる飛躍が約束されているはずだった。

しかし、現実はそうでなかった。

京都を訪れる外国人の客数は右肩上がり、2014年（平成26年）、2015年（平成27年）には、海外の権威ある旅行誌『トラベル・アンド・レジャー』の人気都市ランキングで2年連続世界1位に輝くなど、勇ましい報道がされる一方、オーバーツーリズム（過剰観光）という言葉が生まれ、京都市内の慢性的混雑が話題になり、観光公害という言葉が聞かれるようになった。2018年（平成30年）の京都観光総合調査（京都市産業観光局）では、観光消費額は1兆3082億円と3年連続で1兆円を突破、宿泊客数は過去最高の1582万人と華々しい実績をPRしているが、日本人観光客の京都離れは著しく、ピークを迎えた2015年（平成27年）から国内観光客は732万人も減少している。

国内外観光客数の合計を見ても、外国人観光客が増加しているにもかかわらず、ピーク時の２０１５年（平成27年）に５６８４万人、２０１８年（平成30年）には５２７５万人と、４０９万人の減少である。

さらに人口も減り続けている。国内の都市人口ランキングは瞬く間に下降し、２０１９年（令和元年）現在、京都市の人口は福岡市、神戸市、川崎市に抜かれ、全国５位から８位へ転落した。

しかも年々逼迫する京都市の財政は慢性的に赤字である。２０１５年（平成27年）、２０１６年（平成28年）には「将来負担比率」が夕張市に次ぎワースト２位、という汚名を与えられるようになった。

今、京都では何が起こっているのか。

京都市はこのまま旧都として滅びゆくのだろうか。

現在、日本では多くの自治体が観光客誘致に取り組んでいるが、観光客誘致が必ずしもバラ色の未来をもたらすわけではない。確かに観光客の来訪は賑わいを生み、一定の経済効果がある。その影響は関連する産業へ派生し、新たな雇用創出につながる。人口減少、少子高齢化に悩む街であればあるほどその魅力に吸い寄せられる。しかし、よいことばかりではない。京都の渋滞、混雑、「舞妓さんパパラッチ問題」はそのほんの一部にすぎない。

観光先進県である沖縄でも、観光客が大量に住宅街に流れ込み、市民生活を脅《おびや》かしている。スマホ片手に無断で住民の敷地に進入し、写真を撮りまくる。夏場は大音量の音楽と大声。運転に不慣れな観光客によるレンタカーでの事故はここ5年で倍増している。宿泊施設が地域的に偏っているせいで、名護市などは素通り観光でお金が落ちないと悩む。世界遺産登録が期待されるやんばるの森では遭難事故が2017年（平成29年）に過去最多を記録した。

確かに、観光客増に伴い沖縄の雇用環境は改善されたが、ホテルでの雇用の大半はアルバイトで、県民所得の向上にはつながらない。

アジアにターゲットを絞った観光客誘致に成功した九州も、2019年（令和元年）夏以降、日韓関係の悪化に伴い観光客が激減している。太宰府市ではホテルや店舗の売り上げが半減し青息吐息だ。

鎌倉、ニセコ、富士山、白川郷、沖縄など、観光戦略が「成功している」とされているところでもさまざまな問題が顕在化している。

観光とは、「光を観る」と書くが、光には必ず影がある。

観光の光と影。

本書では、あらゆる角度から、京都に生まれたひずみを検証し、「観光客誘致の先にあるもの」を明らかにしていきたい。

あわせて、自治体運営に携わる一人として、観光のみならず、ほとんどの地方自治体が抱える最大の病巣「財政」についても京都を事例に深く切り込みたい。

本書を通じて、今後の京都の未来へ、ひいては地方の未来へつなげていく一助になれば幸いである。

目次

第1章

街が観光に食いつぶされる

観光都市京都の誕生

京都観光の歴史は古い。平安の時代から長い間都として発展してきた京都は、観光という概念が存在する以前から、「都見物」として観光客を受け入れ続けてきた。

1872年（明治5年）には第1回京都博覧会が開催され、1895（明治28年）には平安遷都1100年事業として平安神宮を建立、周辺部を岡崎公園として整備した。京都市の観光行政はこのあたりから始まる。

1927年（昭和2年）、全国に先駆けて京都駅に観光案内所を開設、1930年（昭和5年）には市役所内に観光課を設置、あわせて東山、北山、鴨川周辺を風致地区に指定し、保全を図る取り組みを始めている。1938（昭和13年）には「旅館サービス読本」というガイドブックを京都市観光課が発行するなど、世界最大の観光都市パリと肩を並べるほど、早い立ち上がりを見せている。

1956年（昭和31年）に制定された京都市市民憲章は、市民が守るべき5つの規範から構成されているが、そのひとつが「わたくしたち京都市民は、旅行者をあたたかくむかえましょう」というもので、観光客と共生する街・京都の姿を如実に物語っている。

高度経済成長のなか、観光客は増え続けた。１９７０年（昭和45年）の大阪万博を契機に、入洛者数は前年の２７０３万人から３３９６万人へと、６９３万人増加（26％増）し、３０００万人を突破した。実は、１９７１年（昭和46年）の「10年後の京都の観光ビジョン」にはすでに「観光公害」という言葉が登場し、１９７３年（昭和48年）には舩橋求己市長（当時）が「マイカー観光拒否宣言」を提言するなど、京都市の観光政策は他都市に比べかなり進んでいた。

「観光」の語源は中国である。光とは「地域の素晴らしいもの」を意味し、それを「観る」のが観光ということだ。「観る」には、ただ「見る」のではなく、そこにある人生観、価値観、世界観などありとあらゆるものの複合体を感じ取るという意味がある。

単に歴史的建造物を見物するだけでなく、そこにある宗教観、文化、生活様式、哲学、食、芸術、自然を体感することなどを含めて観光と呼ぶならば、京都市はそれらのすべてを兼ね備えた観光都市と言っていい。

天台宗、浄土宗、浄土真宗などの多くの総本山が存在し、その一方で日蓮宗や禅宗系などの宗門も根強い。裏千家をはじめとする三千家や池坊などの茶道、華道の家元があるのも京都、京都大学を筆頭に大学の数も地方のなかでは突出している。京懐石はもちろん、独自の食にも事欠かない。内陸で新鮮な魚介類が手に入らない京都だからこそ発展した傷みにくい鱧《はも》料理は夏の風物詩のひとつとして全国的にも知られ、禅寺周辺には湯豆腐や湯葉料理などを出す精進料理の店も並ぶ。

東山、北山、西山という三山に囲まれ、鴨川、桂川などの河川は街に潤いを与え、まさに山紫水明の都という言葉にふさわしい自然も多く残る。

おかげで全国の3人に1人は修学旅行で京都を訪れ、毎年修学旅行生だけで100万人を軽く突破している。そして、彼らこそが将来リピーターとして再び京都を訪れてくれる京都観光の隠れた立役者なのである。京都はリピーターによって成り立っている。1995年（平成7年）、年間3500万人だった観光客は2008年（平成20年）には念願だった5000万人を突破、50万人に満たなかった外国人宿泊客数も、2013年（平成25年）に100万人を突破、2018年（平成30年）には450万人を超え、観光都市のトップランナーとしてひた走り続けてきた。

2018年における京都市の観光

人口	258万4865人※2019年8月
観光消費額	1兆1267億9000万

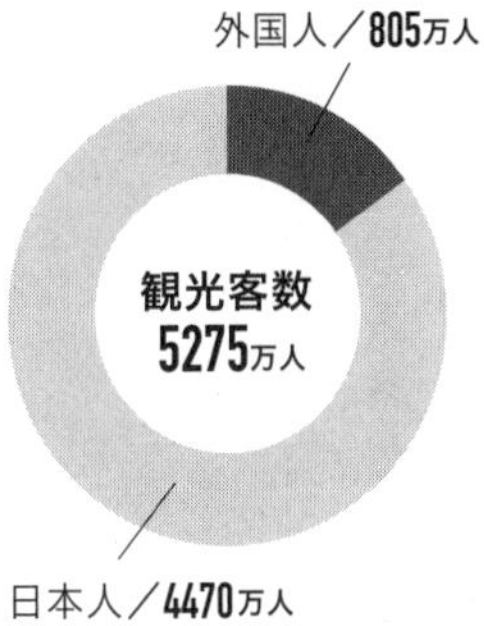

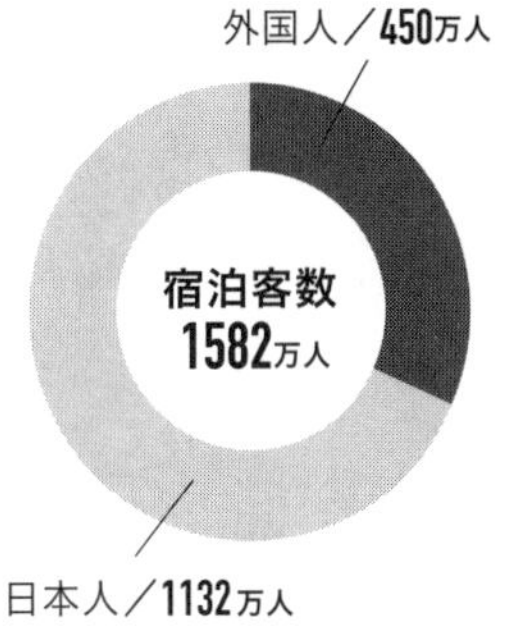

※京都市産業観光局観光総合調査より

2018年における沖縄県の観光

人口	145万2825人※2019年8月
観光消費額	6947億円

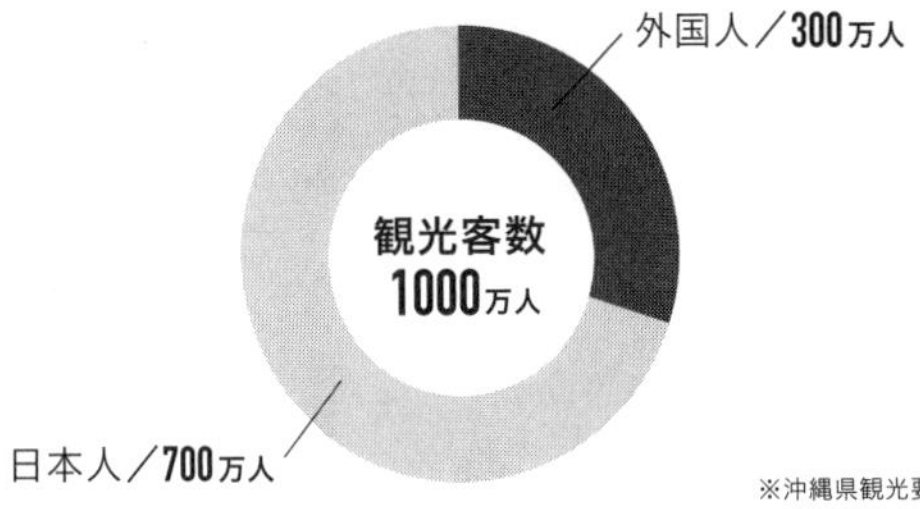

※沖縄県観光要覧より

季節・時間・エリア分散で成功した観光政策

観光産業の潜在的ポテンシャルに早くから気づいた京都市は2000年（平成12年）に「観光客5000万人構想」を発表して、観光戦略を積極的に練り始めた。最初に手掛けたのは「分散」戦略だったように思う。

たとえば「花灯路《はなとうろ》」という事業がある。京都の一大観光名所である清水寺から高台寺、八坂神社へ抜ける観光客の動線に路地行灯《あんどん》を立て、夜の情緒あふれる雰囲気を楽しんでもらおうというイベントで、現在は渡月橋で有名な嵐山でも実施されている。当初、観光客5000万人を目指す上で、大きな課題となっていたのが「時期の集中」であった。京都の観光は桜と紅葉の季節に集中し、暑い夏と寒い冬には客が来ない。いわゆる夏枯れ、冬枯れの時期があった。季節を分散して入洛客を受け入れない限り、5000万人は夢のまた夢だった。そして、もうひとつの課題は、日帰り観光客が多く、宿泊が伸びないという点であった。日帰りと宿泊では観光消費額がまったく違う。

2018年度（平成30年度）の数字を見ると、日帰り観光客の観光消費額は1人当た

京都市の月別観光客数　2018年

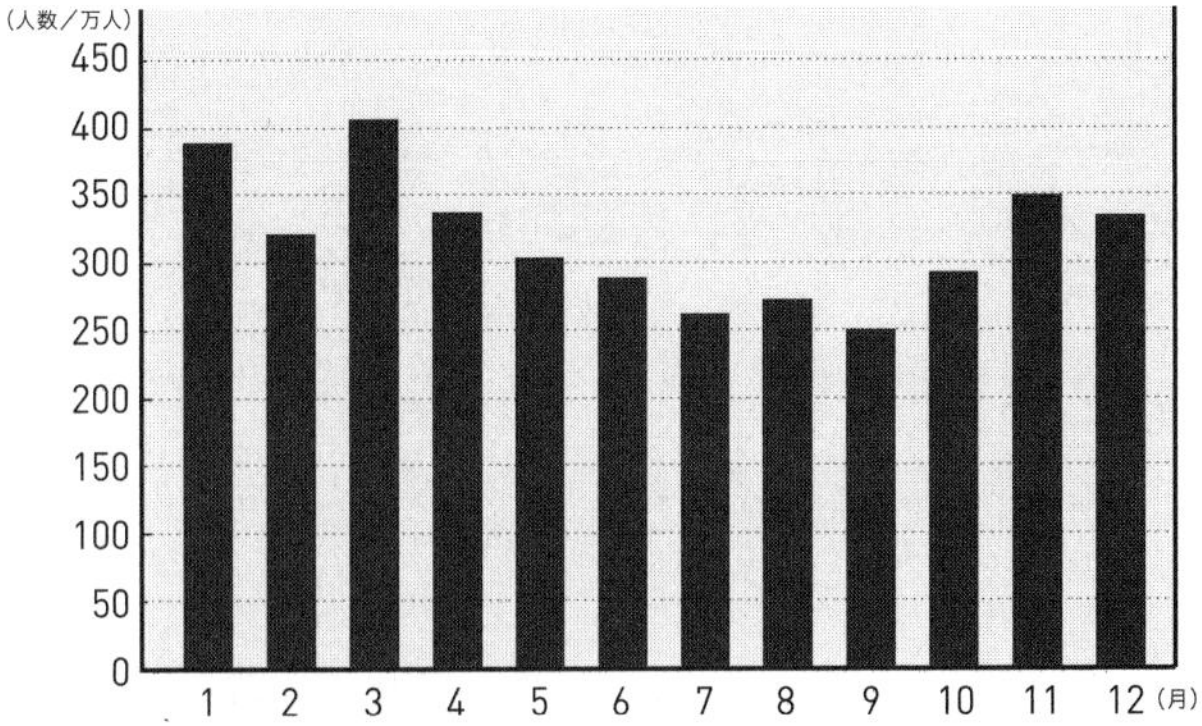

※京都市産業観光局観光総合調査より

り平均１万１３２円、宿泊は５万２７９５円と実に５倍近くの差がある。ただ、これは日本人に限った話で、外国人旅行者となるとさらに消費額の差は大きくなる。いくら観光客が増えても日帰りばかりでは、観光産業は潤わないのだ。

そこで、職員一丸となって編み出した企画が「花灯路」である。花灯路の開催時期は３月と12月。まさに冬枯れの時期に誘客するため、この時期に仕掛けた。しかし昼間の企画では日帰りになりかねない。夜の企画なら宿泊客が増えるということもあり、夜に絞った企画で挑戦した。

結果は大成功だった。この時期の宿泊客

が大幅に伸び、単年度事業だった「花灯路」事業は継続され、1カ所だった「花灯路」は2カ所に拡大された。さらに、夏枯れ対策として、8月に「京の七夕」という光のイルミネーションで鴨川、堀川、二条城などのエリアを飾るという事業を創出した。現在「花灯路」と「京の七夕」は年間280万人を動員するメガイベントへと成長した。

こうした取り組みの結果、月間格差（最も観光客の多い月と最も少ない月の差）は2003年（平成15年）には最低の2月が186万人、ピークの11月が666万人と、その差3・6倍だったものが、2018年（平成30年）になると、最低の7月が383万人、ピークの3月が531万人と、1・4倍へと縮小した（京都観光総合調査より）。

さらに2012年（平成24年）3月からは1万6000人が出場する京都マラソンを実施し（現在は2月第3日曜日）、夏の風物詩祇園祭では後祭の再興を図り、これまで1週間程度だった祇園祭を1カ月に拡大して、観光客を受け入れることにも挑戦した。

こうした企画を契機に、観光キャンペーンを夏と冬に集中して、季節の分散を図ったのだ。また、神社仏閣は朝が早いので、そうした朝観光の積極的アピールや早朝の座禅体験や朝食のPRなども行い、時間帯分散を進めた。

また、有名観光寺院（清水寺、金閣寺、銀閣寺など）ばかりに集中する観光客を分散するために、それまで観光客が多くなかった洛北、伏見、右京エリア等の魅力発信を積極的に行った。今でこそ世界的なランドマークのひとつとなった伏見稲荷大社だが、（旅行情報サイト「トリップアドバイザー」の「トラベラーズチョイス　ランドマーク編」24位、日本国内の1位、アジア地域の5位）、10年前には伏見稲荷が金閣寺を超えるなど予想だにしなかった。

こうして観光客の集中は緩和され、エリア分散も一定の成功を収めた。

季節の分散、時間の分散、エリアの分散という戦略は、限られたキャパシティーの中で最大限受け入れ可能数を増やすための混雑緩和策としては即効性の高い有効な手法だとされており、京都市はそうした取り組みをもう10年以上前から始め、結果、観光客5000万人構想の前倒し達成につながった。京都市のカウントする「観光客」とは、通勤通学以外で入洛したすべての人が対象となるので、近隣都市からの仕事や買い物目的の入洛客も含む数字ではあるが、それを加味しても、爆発的な増客に成功したことは言うまでもない。

観光客の客単価が高くなると言われているＭＩＣＥ（Meeting＝会議・セミナー、Incentive travel＝社内の研修旅行、ConventionまたはConference＝大会・国際会議・学会、ExhibitionまたはEvent＝展示会・イベント）戦略にも積極的に取り組み、国際会議の開催数は２０１３年（平成25年）の１７６件から２０１８年（平成30年）には３４９件と5年で１・９倍に成長した。行政も議会も観光客増客対策はもちろん、消費額の高い富裕層やＭＩＣＥ、外国人観光客の誘客など、観光産業の拡大に向けて大きく舵を切ってきた。そして、その成果は着々と積み上げられていったのであった。

観光客の満足度調査もじわじわ数字を上げ、２０１８年（平成30年）現在、「大変満足、やや満足」を足すと90％、外国人観光客だけの評価では97％という大変高い満足度を記録している。

インバウンドブーム、そして崩壊の序章

２０１４年（平成26年）には観光客数がこれまでの５０００万人から１割増の５５０

0万人を恒常的に超えるようになり、外国人宿泊客数が100万人から180万人へほぼ倍増、さらに翌2015年（平成27年）には316万人、2018年（平成30年）には450万人を記録した。外国人観光客は5年で4倍に膨れ上がっていく。

そんな栄光の道を歩み続けた京都に影が忍び寄ったのは、2015年（平成27年）頃からだ。

「観光客のせいでバスに乗れない」「近所を外国人がうろうろしている」などといった市民からの不満が漏れ聞こえるようになった。民泊情報サイト「エアビーアンドビー」（A・i・r・b・n・b）による民泊が急拡大したのもちょうどこの頃からだ。

しかし、東京オリンピックを目前に観光産業は日本中で大いに盛り上がっていった。そこかしこで「インバウンド」という言葉が飛び交い、京都市でも、確実に成長し続ける観光はいつしか市政運営の柱になっていった。

確実に成果が出せるからだ。いつの世も、政治家にとっては結果＝手柄なのだ。

確実に結果が出るものは、積極的に支援する。結果と取り組んだことの因果関係は無視して「行政が率先して取り組んだ結果、成果を出した！」とアピールできるからだ。

わかりやすい事例は、働き方改革だろう。働き方改革は必要に迫られ、国を挙げて行政主導で実行しているように思われがちだが、働き方改革は行政が関わらなくても必ず進む。今や労働市場は極端な労働者不足に悩まされている。待遇を良くしなければ人は集まらない。福利厚生も充実させなければ若者は就職してくれない。企業のゴリ押しはもはや通用しなくなった。時短勤務、テレワークなど、働く人たちのニーズに合わせた働き方を提案できない企業は雇用を維持できず、生き残れない時代に突入している。

すでに労働市場が自ら働き方改革を実践せざるを得なくなっていたのだ。そこに行政が多少の補助金を出して「政府は働き方改革を進めます！」などと言いだしても、それは手柄を得るためのパフォーマンスにすぎず、行政が介入しようがしまいが結果はついてくる。本来こうしたものに税金を投入してもあまり政策効果がなく、ムダ金になりがちなのだが、行政は結果が出るものについては、とにかくやりたがる傾向にある。

今の観光政策はまさにそれと同じで、世界的観光客数の爆発的増加を考えれば、これまで以上に観光客が日本国内に押し寄せ、観光産業が拡大するのは当然のことと言えよう。門川大作京都市長は、これまでに増して文化観光政策を重視していくようになる。

しかし、このとき行政は観光公害の恐ろしさにまだ気づいていなかったのだ。

ヴェネチア、バルセロナ、アムステルダムの悲劇

その頃、地球の裏側ではすでにオーバーツーリズム（観光公害）という魔物が観光地に襲いかかっていた。

オーバーツーリズムを考えるとき、真っ先に検証しなければならない都市といえば、イタリア、水の都ヴェネチアである。ヴェネチアは古くから観光産業を基幹産業として栄えてきた人口26万人の世界屈指の観光都市だ。そのヴェネチアで、２０００年代からとんでもない事態が起きている。

クルーズ船の周りに「観光客、帰れ」というデモ隊が集結し、街には観光客排斥運動を行う住民組織がいくつも誕生し、観光客に対して敵意をあらわにする。それもそのはず、市民は観光客のせいで、安心して暮らす権利を奪われ続けてきたのだ。

狭い旧市街地の人口は、90年代から３割以上減少した。人口５万人の市街地に年間３

418万人（2015年）もの日帰り観光客と、1000万人を超える宿泊客が押し寄せているのだ。観光客による住居への不法侵入、騒音、ゴミのポイ捨てなどのマナーの悪さに始まり、住民が家を一歩出れば、お祭り騒ぎの観光客に囲まれた日常が待っている。それが365日続くのだ。右を見ても左を見ても観光客。これで平穏な生活がどうして送れようか。

さらに深刻な問題がある。観光客増加に伴い、つぎつぎに観光客をターゲットにした宿泊施設が開設され、飲食店や土産物屋はどんどん増える。しかし旧市街地にそんなに余裕があるわけではない。どうなるかといえば、市民の生活基盤だった洋品屋、肉屋、魚屋、パン屋などがつぎつぎと飲食店など観光客向けの店舗に姿を変えていく。お店を続けていくよりもそうした事業者に賃貸したほうがはるかに儲かるからだ。

ヴェネチア市民は、旧市街地での生活基盤をどんどん奪われていった。そして、極めつきはホテルや民泊だ。宿泊客数はこの20年で2倍近くになったが、それだけ宿泊施設が増えたということだ。市民が暮らすアパートは急激な家賃値上げを迫られることになった。安い家賃で市民に住居を提供するよりも、ホテルや民泊にした方が、オーナーははるかに高い利回りが得られるからだ。住民を追い出したアパートは続々と宿泊施設に姿を変えた。こうして、市民は郊外へと追いやられていったのだ。

行政はクルーズ船の市街地への入港を禁止し、宿泊税に加え2019年からは訪問税（最大10ユーロ）を課している。それでもなお、観光公害はヴェネチア市民を悩ませ続けている。

ヴェネチアは観光客に食いつぶされていると言っても過言ではないだろう。

こうした観光公害は、スペインのバルセロナ（人口約160万人）やオランダのアムステルダム（人口約80万人）でも起きている。これまで観光公害といえば、ヴェネチアのような小さな街や小さな島に観光客が大挙して押し寄せるという状況と捉えられがちだったが、観光公害は大都市でも起こり得ることを印象づけた。

バルセロナは1992年のバルセロナオリンピック開催、そして2005年にはサグラダファミリアの世界遺産登録以降、世界的観光地となった。スペイン語圏の南米新興国の成長や、周辺のヨーロッパ諸国と陸続きというアクセスのよさも手伝い、観光客は増え続けていった。街じゅうに観光客があふれ市街地は混雑し、観光資源に落書きされるなどマナー違反が横行し、観光客の急激な増加は著しい宿泊施設不足を招いた。バルセロナ市内の臨海地区バルセロネータの不動産の半数は海外の投機筋が所有しているといわれ、住民を追い出すために賃料を容赦なく引き上げ、不動産価格は高騰し続けている。違法民泊がはびこり、一方で生活に必要な店は閉店し、住民は市街地を追われて郊外へ引っ越し続けた。街のいたるところに「観光客、帰れ」の落書きがあり、ビーチでは「観光客お断わり」憎悪のデモが発生する事態となったのだ。

２０１５年には観光規制をスローガンに掲げた市長が当選し、今や中心部ではホテルの新規建設そのものを禁止している。両市とも「市民と観光客の共生」に向けた模索を続けているが、残念ながら多くの市民にとって、観光客は今も「招かれざる客」である。バルセロナでは２００７年頃から苦情が増え始め、それから約5～10年後の２０１３年頃からデモが頻発するなどの反観光客運動が強まった。

市民の苦情からオーバーツーリズムが深刻化するまでの時間を考えると、京都はまさに今、このタイムラグの真っただなかにある可能性が高い。京都市をヴェネチアやバルセロナのようにしてはならないという危機感を前提に、本書を書き進めていきたい。

第2章

京都と民泊

民泊が平穏な生活を奪う

京都の中心地、下京区の某交差点。2019年（令和元年）、交差点周辺では4棟のホテル建設が進んでいる。建設中のホテルに囲まれた場所に10階建てのビルがある。1階が駐車場とエントランス、2～3階がオフィス、4階から10階がワンルームマンションというよくあるタイプのものだ。しかし現在、4階～10階はすべて空室である。ビルのオーナーが、昨年、ワンルームマンション全42室を簡易宿所にするべく全住民に立ち退きを迫ったためだ。住民はひとりまたひとりと退去させられ、すべて空室になった。突如、ビル全体が賃貸のワンルームマンションから宿泊施設に変わることを知らされた2～3階のテナントは猛反対し、現在調停中だ。

バルセロナやヴェネチアのマンションで起きた「入居者を追い出しホテル化する」という流れが、ついに京都でも起こったのだ。テナント入居者の1人は言う。

「小型エレベーター1基しかないこのマンションに、キャリーバッグを引いた観光客が続々とやってきたらどうなるのか。我々は上階が静かなマンションのビルだからこそ入居しているわけで、こんな話は納得できない。観光バスを横づけされたら車を出すこともできない。２階のオフィスにも、間違って宿泊客がやってるかもしれない。ビルの用途を変更してまで宿泊客を受け入れることを認めていったら街はどうなるのか。京都市の方針には強い不信感を持っている」

ちなみに、現在この計画は、４～10階が空室のままストップしている。

２０１９年（令和元年）に入ってから、京都の宿泊ビジネスには暗雲が垂れ込めている。噂では、それをいち早く察知したこのオーナーはビルごとの売却を検討していると聞く。

今、京都の民泊はどうなっているのだろうか。

民泊とは、そもそもシェアリングエコノミーの一環で、使われていない部屋や住宅を有効に活用しようという考えのもと、この数年で爆発的に増加した新しいビジネスモデルだ。息子や娘が独立して空いた子供部屋などを旅行者に貸せば収入になり、宿泊客との交流も楽しめる。旅行者も、訪れた地域の生活により近いかたちの旅行が楽しめるし、近隣地域のホテル等より安価で、コストパフォーマンスのいい旅ができるということで、貸す側・旅行者双方にメリットがあると大人気になったのだ。

「民泊サイト」で急増した民泊

爆発的な増加のきっかけになったのは、家を貸したいオーナーと宿泊客をつなぐツールである民泊情報サイト、エアビーアンドビーの登場だった。宿泊施設の予約をネットで行うことが主流になりつつあった当時「現地の人から家を借りる」という新たなネットビジネスの登場は広く受け入れられ、恐ろしいスピードで広がりを見せた。政府も東京オリンピックを契機に不足する宿泊施設を補うという考えのもと、民泊事業を推し進めるべく積極的に法整備に取り組んでいった。

京都市は全国屈指の観光都市という側面から、全国的に見てもかなり早い段階で民泊が浸透してきた都市のひとつだ。京都に民泊が登場したのは2013年（平成25年）頃からだが、「民泊問題」が表面化したのは、2015年（平成27年）に右京区の賃貸マンションが「44室のうち36室を客室として違法に使用した」として、摘発されたことが

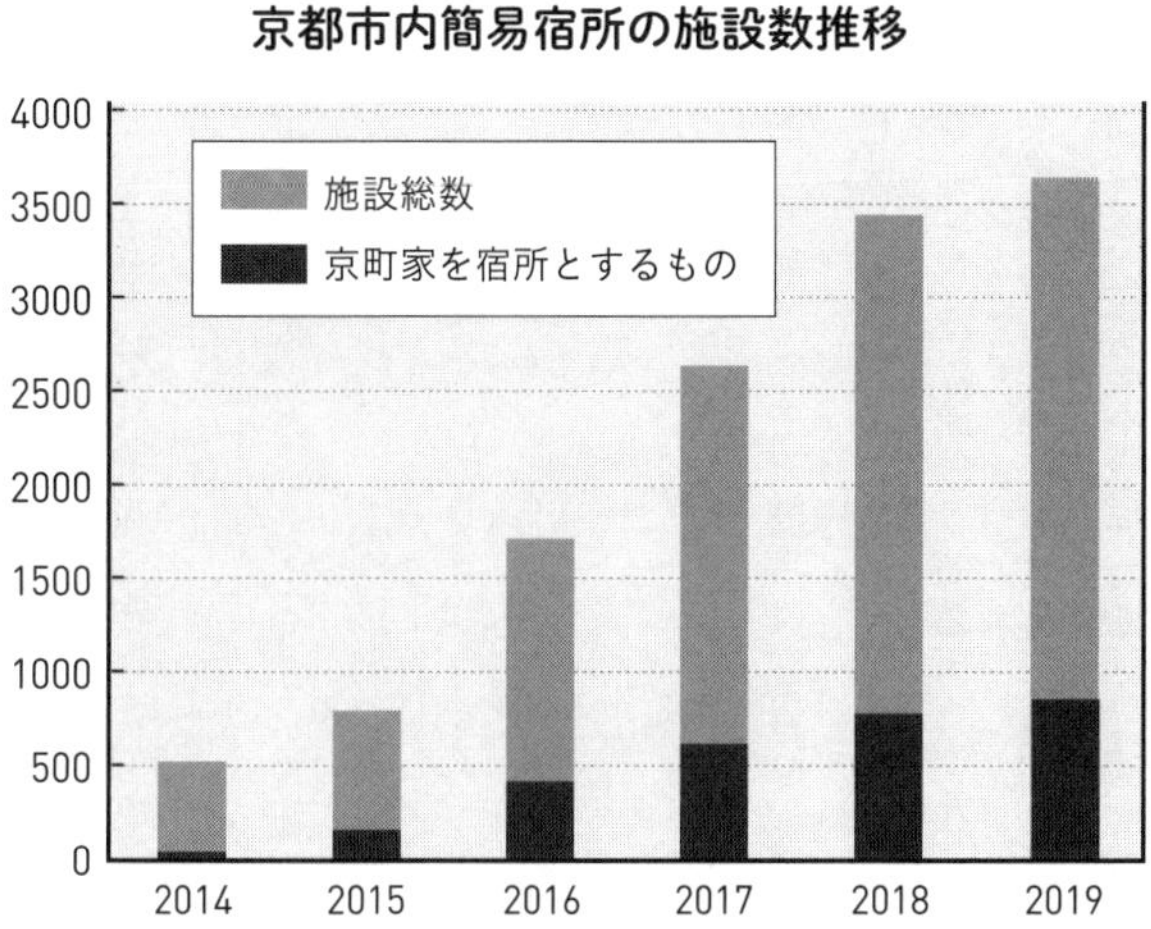

※京都市産業観光局観光総合調査より（2019年は4月末現在）

きっかけだった。この事件を契機に京都市は「民泊」対策プロジェクトチームを早々と立ち上げた。このときすでに、京都市内では民泊が広がりを見せ、近隣住民とのトラブルが相次ぎ、役所には続々と苦情が寄せられていた。当時は民泊新法が存在せず、宿泊事業を行えるのは「旅館業法の許可を得ているもの」に限られており、許可を取らずに民泊事業を行っていた場合はすべて「違法民泊」とされ、つぎつぎ摘発された。この状況下で発足した「民泊」対策プロジェクトチームは、エアビーアンドビーをはじめ、８つの民泊仲介サイトに掲載された民泊の所在地特定に取りかかり、旅館業法の許可の有無、用途地域の適合性、宿泊可能人数、料金の現地調査などによる実態把握に乗りだした。

当時の報告書によれば、調査対象2702件に対し、許可施設は189件（7％）、無許可営業と推定されるものが1847件（68％）、用途違反が322件（12％）と、大半が無許可営業で、1割以上が用途地区違反に該当していることが判明した。合計が100％になっていないのは、調査が始まって以降、民泊サイト側が所在地を非公開にするという対抗措置に出たため、場所の特定が大変難しくなり、特定できないものが続出したことによる。

ここで民泊の定義について少し説明しておこう。そもそも当時「民泊」の法的な定義はなかった。そこで京都市は独自に「住宅を有償で集客し泊める行為」を民泊として定義づけ、取り締まりに乗りだしたのだ。

当時増加した民泊は「簡易宿所」として届け出をした正式な民泊事業者と、無許可で客を泊めているものに分けられる。サイトを見ても実際に泊まっても、一見どちらかはわからない。近隣トラブルが頻発する許可業者もあれば、無許可でも近隣とうまく調和して運営している施設もあった。とはいえ無許可業者の場合、宿泊客の安全性の確保が十分ではなかったり、税金徴収ができないなど多くの課題を残しており、京都市は許可のない違法業者の摘発に力を入れるようになった。当時から京都市は宿泊施設が著しく不足していたが、それでも民泊に対しては大変厳しい異例の措置を取っていく。さらに２０１６年（平成28年）７月８日、民泊通報・相談窓口を設置、市民からの苦情とともに情報を集めては、是正と指導を繰り返した。

しかし民泊ブームは衰えることなく、つぎつぎに新たな民泊が誕生し続けていった。

噴出した住民の不満

２０１６年（平成28年）10月、「増え続ける違法民泊」と「不足する宿泊施設」という相反する事態の収拾を図るべく、「京都市宿泊施設拡充・誘致方針」があらたに策定された。２０２０年（令和２年）までに６０００室の宿泊施設が必要であるため順次増やしていく方針だが、泊まれればなんでもいいということではなく、地域・市民生活と調和し、市民と観光客の安心安全確保ができる「法を順守する上質な宿泊施設」のみを増やそうというものだった。

なぜ、ここまで京都市は民泊に対して厳しい目を向けねばならなかったのか。

京都で民泊が増え続けた原因は、観光客の増加と宿泊施設の不足がまず大きな理由だが、これに加えて、不動産業界が通常の賃貸よりも圧倒的に高い利回りを謳《うた》い、率先して「民泊化」を推し進めてきた経緯がある。月単位で貸す賃貸物件より、日ごとに料金が発生する民泊のほうが利回りが高くなるのは当然で、そうした運営会社も年々増え続けた。利回りが高い分、不動産物件としての価値も上がり、民泊としての運営は、運営会社丸投げというスタイルが定着し、通常売買される住宅も民泊用投機物件として買われ続けた。この傾向はホテルも同じで、ホテル事業者や各種ファンドが、マンションデベロッパーやテナントビル事業者よりも高値で京都市内の土地を買い始めた。

小さい土地や建物は「賃貸アパートのままにしておくより儲かる」と民泊に、広い土地は「マンションを建てるより儲かる」とホテルになっていった。こうして、京都市内の土地は「観光客の宿泊用」に高値で買い漁られていったのだ。

民泊排除の理論が、京都で他都市より強く働いたのは、こうした動きが他都市に比べてかなり早く、数が圧倒的に増えてしまったことに一因がある。数が増えれば、その分トラブルも起こりやすい。しかも投機対象として展開されたため、それぞれの土地で近隣の住民に愛される商売をしていこうとするホテルや旅館と違い、近隣対策は最低限しか行われず、住民の不満が鬱積した。

また、民泊ができた地域は住宅地が多く、しかも戸建て型民泊だったことも被害が深刻化した要因だといえる。東京などでは商業地域のマンション型民泊が多いため、外国人旅行客の出入りが多少増えても比較的トラブルになりにくいが、京都の場合は閑静な住宅地に民泊が登場したため、目立つ上にトラブルになりやすかったのだ。

議会でもたびたび民泊トラブルの事例が取り上げられた。

「飛行機の発着時間なのか、深夜早朝を問わずスーツケースを引くガラガラ音がうるさくてたまらない」

「近所に民泊ができて以来、夜中にしょっちゅう間違って玄関のピンポンが鳴る。最初は何事かと思ったが、玄関口には言葉の通じない外国の方が立っていた。夜中ですよ。

怖くて寝てられない」

「隣の民泊は一晩中どんちゃん騒ぎ。音楽はうるさいし、話し声もうるさい。旅行者にとっては非日常なのかもしれないが、我々にとっては日常だ」

「民泊施設の室内が禁煙らしく、夜な夜な路上でたばこを吸っている。火の始末で火事になりはしないかと、ひやひやしている」

「民泊のオーナーは自治会にも入会してくれないので、これでは自治会も崩壊する」

閑静な住宅街の平穏な生活が脅かされるという切実な問題が山積し、ますます民泊に厳しい目が向けられるようになった。

また、既存の事業者によるロビー活動も、民泊への対応が厳しくなった一因と考えられる。京都は、他都市に比べホテル・旅館の事業者が多く、しかも長年行政とともに観光対策に取り組んできたこともあり、民泊の無秩序な拡大は看過できない問題だった。旅館組合はことあるごとに「厳しく取り締まるべきだ」との発言を続けてきた。

そんななか、２０１７年（平成29年）６月、届け出をすれば１８０日を上限に民泊を容認するという法律「住宅宿泊事業法」（通称「民泊新法」）が国会で成立した。ここで初めて、民泊は公に認められる存在になったのだ。

京都市は、民泊を最小限に留めるため、これまで「民泊の営業は簡易宿所として許可を得たものと、京町家に限る」としてきたのだから、国の方針は到底受け入れがたいものだった。とはいうものの、国がＯＫと認めているものを「京都だけはＮＧです」というわけにはいかないのが、この国の法制度である。そこで、国の法律に反しないぎりぎりのところで条例案をまとめていった。

「民泊新法」京都のウルトラC

国は、民泊の１８０日の営業を認めたが、京都市ではウルトラＣの独自ルールを課した。「商業地域では１８０日の営業を認めるが、住居専用地域では1月15日から３月16日に限って営業が可能」としたのだ。ちなみに1月から3月というのは、京都市では観光客が最も少ない時期で、この時期にしか営業できないというのは、「実質、商売できませんよ」ということだ。

「京都市は民泊新法に則《のっと》って民泊OKを前提としたルールづくりをします。ただし、条件は少し厳しいですがね」という理屈だが、正直議会でも国の法律に抵触しないか、かなり懸念された。ただ、国も地方の実情に合わせた一定のルールづくりについては、地方自治体への裁量を容認していたため、「ぎりぎりセーフ」といったところで、この条例は成立した。ただこの条例でも、京都市が独自に保全を目指している重要京町家での民泊や、住人が施設内に住んでいる民泊については、住居専用地域であっても180日の営業を認めるとしている。

民泊新法以降も、京都の無許可民泊事業者は減り続けていった。旅館業法の改正により違法民泊の罰金の上限額が3万円から一気に100万円に引き上げられたのが大きな要因のひとつである。2017年（平成29年）には指導対象施設1339件のうち、営業を中止した施設が228件だったのに対し、2018年（平成30年）は指導対象施設1689件のうち営業中止施設は1482件。指導対象になった施設のほとんどが撤退に追い込まれた。

民泊行政で混乱した不動産市場

民泊に対する京都市の厳しい姿勢は、確かに一定の成果を挙げた。海外はともかく、国内で早期にこれだけの成果を挙げた事例は珍しい。

しかし、その一方で行政の対応が原因で市場に混乱も起きている。

現在、京都の不動産市場では２０２０年（令和２年）３月に向けて、ゲストハウスのババ抜きが始まっている。投資家向け不動産情報サイト「楽待」を見ると、京都市内のゲストハウスが山のように売りに出ているが、この状況は以前から続いていた。京都というだけで十分集客が見込めるだろう、という楽観的な憶測が不動産投資家の間では蔓延していた。

確かに京都市長も「ホテルが不足している」と正式に宣言をしていたし、外国人観光客は今でも右肩上がりで増え続け、京都市は観光立国日本のシンボルのように扱われていたので、楽観論の裏付けは十分だった。ゲストハウスのいいところは、ホテルや旅館のように旅館業法の厳しい指導下にないため、設備投資にコストがかからず、１室から開業できるところだ。この手軽さと観光ブームは京都の住宅事情を一変させた。

接道もほとんどない再建築不可物件、築100年の古民家、通常ならいくら値を下げてもなかなか買い手がつかないような物件が、多少のコストをかけて改装することで、京都らしい情緒あふれるゲストハウスに早変わりし、倍の値段で売れるようになった。この数年「ただ古いだけのボロ家が倍々ゲームのように高値で売れる」という嘘のような話もよく聞いた。もちろん、なんでもかんでもというわけではないが、センスのある不動産会社の手にかかれば、実際、倍以上の値段で売れるケースも少なくなかった。特に、清水寺や高台寺、祇園を抱える東山区は路地も狭く、古い京町家が突出して多い地域だが、市街地に近く、ゲストハウス（簡易宿所）の条件にぴったり当てはまった。そして、こうした物件が爆発的に増えていったのだった。

そうしたなかで京都市は近隣住民との調和を旗印に、さらなる規制強化に乗り出した。これが「ゲストハウスババ抜き」の始まりだった。

まず、民泊については、住人が施設内に住んでいないケースについては「10分以内に管理者が駆け付けられること」が条件に付記された。同時に「管理者は800メートル以内に常駐しなければならない」とされた。近隣から苦情が来た際などにすぐに駆け付けて対応ができなければ営業させない、ということだった。当然簡易宿所も同様の対応が迫られるだろうという認識が広がっていたが、京都市は突如、「簡易宿所については施設内に24時間管理者が常駐しなければならない」という事項を追加したのだ。この一文が事業者を混乱の渦に巻きこんだ。

そもそも簡易宿所というのは、カプセルホテルやユースホステルのようなものを想定されていたため、行政は施設に管理者が常駐していることを前提としており「これは当然の対応」と言い張った。しかし、これまで管理者の常駐を求めてこなかったため、すでに京都市では管理者が常駐しないことを前提としたゲストハウスが乱立していたのである。不動産業者もそうした前提条件で地主に簡易宿所建設を勧めてきた経緯がある。

不動産事業者、運営会社は悲鳴を上げる。

「行政は管理者の24時間常駐が当然というが、常駐義務のあるとなしではまったく話が違ってくる。なぜ、それならそうと先に言ってくれなかったのか？」

「宿泊施設が足りない足りないと煽《あお》っておきながら、建設されてから、事業の根本になるルールを変えられては困る」

「すでに不動産オーナーには行政のルールに則った事業計画を提示して、ゲストハウスをつくってもらった。小規模戸数でこのルールを適用されたら事業は頓挫する。財産をはたいて小規模ゲストハウスを建てたオーナーは首をくくるしかない」

このルールは小規模簡易宿所を完全に廃業に追い込むことになる。特に10室未満の施設はまず無理だ。そもそも、24時間の管理者常駐となれば、最低でも8時間3交代制で、月に延べ90人の人員が必要になる。ざっと1カ月100万円の人件費がかかる。たとえば1室5000円の客室が10室、稼働率70%で稼働したとしても売り上げは105万円、これはほぼ人件費に消える。これにリネン代、光熱費、水道代、ローンの返済などが発生するのだから大赤字になるのは目に見えている。結局、オーナー自らが敷地内に住居を構えて居住するか、管理人の住居を用意し住み込みで働いてもらわなければ、小規模ゲストハウスは成立しないことになる。「駆け付け10分ルール」と「常駐ルール」は、傍《はた》から見ればそれほど大きな違いがないようにも思えるが、事業者にとっては天と地の差がある。投資にリスクは付き物というが、これはさすがにやりすぎではないか（というより、行政はそこまで考えていなかった節がある）。

こうしたなか、２０１９年3月から世界6位のホテルチェーンＯＹＯ（オヨ）とヤフーが展開する賃貸サービス「ＯＹＯ ＬＩＦＥ」が、家具家電付き賃貸住宅をネット予約だけで提供する新サービスを始めた。ネットで簡単に予約でき、トランクひとつ持って住まいを変えられる新たな仕組みは、ミニマリストをはじめ多くの支持を集めるだろうと前評判は上々だ。簡易宿所廃業に追い込まれる事業者のなかには、こうしたサービスへの転向も模索するものも多いという。「長期宿泊客」ともとれる短期賃貸の入居者が増え続けることも、今後新たな課題になるであろうことも認識しておかねばならない。

賃貸と宿泊の垣根がなくなっていく時代にこのルール適用が本当に最善だったのか、常駐ルールがなければ市民の不安は解消できなかったのか、ということについては疑問が残る。「24時間常駐ルール」ではなく、「10分駆け付けルール」を原則として、問題が発生した業者に厳しいペナルティーを科すという方法もあったのではないだろうか。

このルールは２０１８年（平成30年）9月からすでに適用されており、それ以降小規模ゲストハウスの計画は激減している。それまでに計画および建設されたものは２０２

0年（令和2年）3月までの猶予期間が与えられているが、いよいよその期限を目前に控え、施設の転用、廃業、そして場合によっては損切り覚悟での売却が進んでいる。

事情を知らないまま素人が投資目的で購入し、ババ抜きのババをつかまされないようにご注意願いたいと思うばかりだ。

ババを引いてしまった一例を紹介しておこう。

定年退職したサラリーマンのAさんは老後に備え、少しでも資産運用をしたいと考えていた。あるとき、ホテル運営事業者から簡易宿所用にいい土地があると紹介される。ホテルなどとんでもないと当初は断ったというが、「運営はすべて当社が行う。一括借り上げで6％の利回りを保証します」ということだった。「あくまで、不動産投資だと思ってお考えになれば」という言葉に背中を押されて、結局、運営会社に言われるまま土地を買い、建物を建て、予定通り一括借り上げの簡易宿所が運営されていった。しかし、ある時期になって、運営会社からこう言われる。

「当初想定の稼働率が確保できないので、借り上げの価格の変更をお願いしたい」

こうした契約は「10年保証」と謳われていても、契約条件に例外が設けられていることとが多い。「社会情勢の著しい悪化」などを理由に一方的に単価を引き下げてくることもあるのだ。通常の賃貸の場合は、別の会社に借り上げを切り替えたり、自身で管理するなどいくつか方法はある。しかし一括借り上げで、かつ運営を任せられる会社はそうそう見つからない。泣く泣くその条件を受け入れねばならず、ローン返済も残ってるので叩き売ることもできない。投資のはずが毎月毎月赤字を生み続け、やがて銀行の手によって競売にかけられるのだろうが、近い将来こうした物件がゴロゴロ出てくるのではないかといわれている。

こうした動きに伴い、住居のゲストハウス転用のブームは一応収束に向かっている。戸建ての住宅価格も落ち着きを取り戻し、物件も市場に出てくるだろうというのが地元金融機関や不動産事業者の見立てだ。

不動産市場の混乱などは招いたものの、徹底して住民サイドに立った京都市の積極的な民泊排除の姿勢は、住民の日常生活を取り戻す上では大きな役割を果たした。民泊対策は、京都市のオーバーツーリズム対策として唯一合格点が出せる施策だと言ってもいいだろう。しかし、近隣トラブルや不安を抱える市民がいなくなったわけではない。

これから求められるのは、経過を見守りながら、第2、第3の矢を放つかどうか、それに備えていくことではないだろうか。

たとえば、マヨルカ島などの観光地を抱えるスペインのバレアレス諸島自治州の取り組みは大いに参考になるはずだ。バレアレス諸島自治州では、民泊紹介サイトそのものが違法民泊の温床につながるとして、違法民泊を紹介した民泊情報サイト各社に巨額の罰金（300万ユーロ）を科すなど、徹底した民泊排除の姿勢が打ち出されている。

また、スペインではベッド数自体をコントロールするため、ベッド数の上限を決め、ベッドごとにライセンス料を取る手法が民泊に対しても導入されている。これは施設側が負担する「ベッド税」のようなもので、1ベッドにつき300ユーロのライセンス料を課すなどして、民泊の営業自体を難しくしている。こういった施策も今後視野に入れながら、観光客と市民の共存に向けて、引き続き状況を注視していく必要があるのではないだろうか。

第3章 市民の「住む場所」「働く場所」が奪われる

小学校跡地が高級ホテルに

2019年（平成31年）2月、京都駅にほど近い植柳小学校の跡地にタイのラグジュアリーホテル・デュシタニが誘致されることが決定した。京都市は1869年（明治2年）から全国に先駆け、町衆の浄財をもとに64の「番組《ばんぐみ》小学校」を開校させた。これは当時の住民自治組織であった「番組」（町組）を、学区としたものだ。

地元の子供たちのために地元が資金を持ち寄ってつくった学校には、住民たちの特別強い思い入れがある。そんな学校が今、つぎつぎと高級ホテルに変わっている。今回のケースは、公募型プロポーザル方式で選定委員会を組織し選定に至ったのだが、最終選考に残ったのは2案。1案は高級ホテル、そして1案は地元住民の憩いの場にもなり、避難施設も併設したスーパーだった。この土地は京都市内の中心地でありながら、買い物施設が年々減り続け、住民が買い物難民化しつつあることからスーパーの出店を望む声も多かった。しかし結果的に、京都市が熱心に進める高級ホテルの誘致が決まった。

「避難所がなくなる」という切実な住民の声に対しては、隣接する植松公園の地下に体育館を新たに新設し、そこを避難所にするという案が示されたが、地元からは「地下に避難所とはどういうことだ」と猛反発を食らい、テレビなどでも取り上げられた。

実際、地下を避難所に使うケースは全国的にも珍しく、専門家によればあまり適切とは言えないようだ。とりわけ水害時は地下避難が不可能なので、その場合はホテルのロビーなどの共用部分を避難所とする、という代替案が示されたが、「ホテルは当然宿泊客優先になるはず。地元はどうするのか」とさらに混乱に拍車を掛ける事態に陥っている。熱心に高級ホテル誘致を進めてきた京都市だが、地元がここまで強く反発した事例は珍しい。

しかし、すでに清水寺がある東山区の元清水小学校跡地はＮＴＴ都市開発によるホテル建設が決定、中京区の先斗町のそばにある元立誠小学校は株式会社ヒューリックによる図書館・商業施設等を併設した複合型ホテル建設が進む。知恩院、青蓮院から平安神宮に続く神宮道に位置する元白川小学校跡地には東急ホテルズと、小学校跡地がつぎつぎにホテルへと姿を変えつつある。

ちなみに、この５年の小学校跡地利用については上記の通りすべてホテル。ほかの用途で活用されたのは祇園のど真んなかに位置する元弥栄《やさか》中学校跡地の1件のみだが、これも「漢字ミュージアム」という観光施設になった。都市機能として不足している施設は介護施設、保育園、オフィス、大学のサテライトキャンパスなどさまざまあるが、すべてをホテル誘致として転用することを見ても、いかに京都市がホテル誘致に熱心かということがわかる。

これだけに留まらない。京都駅北西部に位置する梅小路公園界隈というエリアで新たな賑わいゾーン創設に向けた取り組みが進んでいる。水族館、鉄道博物館を誘致し、隣接する中央市場の建て替えに伴い、JRに強く要望を続け「梅小路京都西」という新駅がつくられた。そこに隣接する市有地に対しても、容積の半分以上をホテル等の宿泊施設に活用することを条件に容積率を200%アップさせるという容積率緩和を実施した。その結果、東京資本の不動産会社スターツコーポレーションによる客室200室のホテルを含めた複合施設の建設が決まった。さらに近隣のホテル誘致が噂されていたJR西日本の社宅跡地についても容積率の緩和が実行された。こうして、京都市のホテル誘致は行政総がかりで行われてきた経緯がある。

私も、当時の容積率緩和を打ち出した都市計画審議会に出席していた。市内で不足している施設は必ずしもホテルだけとは限らず、ホテルだけを優遇するに足るだけの理由が存在しないこと、ホテルの稼働率は低下傾向にあり急速に建設されたホテルによってホテル需要は満たされつつあるという理由から、ホテルの容積率緩和には賛同できないとして反対票を投じたが、賛成多数で緩和は決まったのだ。

市有地などに関する案件ばかりではない。世界遺産二条城の前に藤田観光所有の国際ホテルという大型ホテルがあったが、老朽化と耐震改修の時期を迎え解体された。市内中心部の一等地であり、京都の不動産業界では解体後の跡地活用に注目が集まった。最終的にはマンション建設の方針が一度は正式に決まったが、京都市は「ホテル建設を強く望む」という意思を示した。市の露骨な意思表示に、事業者はマンション建設事業を強行することは得策ではないと判断したようだ。結局、忖度というやつだろう。現在この跡地では、２０２０年（令和２年）開業に向け、三井不動産がホテルを建設中だ。

京都市は、こうした強硬的なホテル誘致姿勢のもとに数多《あまた》のホテルを誕生させていったのである。

いつになったらホテルは足りるのか

そもそも、ホテル誘致がいつから始まったのかを振り返ってみよう。

前述のように京都市は２００８年（平成20年）に、念願だった入洛客数５０００万人を前倒しで達成し、２０１０年（平成22年）、「未来・京都観光振興計画２０１０＋５」を発表、そこに「ホテル誘致に積極的に取り組む」という文言が並んだ。この時点ですでにホテル・旅館の稼働率は90％を超えており、高まる需要に施設数が追いついていないことは明白だった。

とりわけ、春秋の観光シーズンはホテル料金が高騰し、通常８０００円程度の宿泊費のホテルが軒並み２万〜３万円で売り出され、それでも予約が困難だと旅行者の不評を買っていた。これではＭＩＣＥといわれる国際会議などの誘致にも影響が出ることも懸念され、ホテル不足は切実な問題となっていた。しかし、それでもなかなかホテル、旅館は増えなかった。ホテル、旅館が増え始めるのは、２０２０年（令和２年）の東京オリンピックに向け全国的に観光業界が盛り上がりを見せ始めた２０１５年（平成27年）、

京都市の宿泊施設数と総客室数の推移

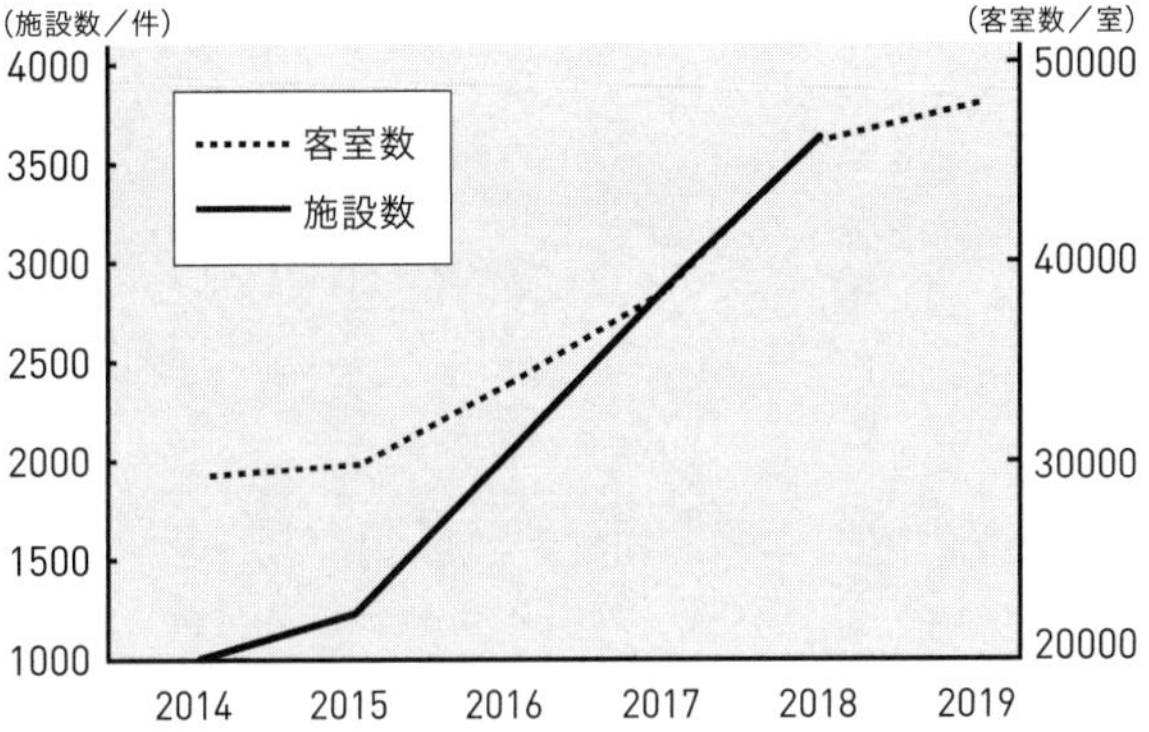

市長の一声から始まる。

京都市は、当時３万室程度だった客室数に対し、２０２０年（令和２年）には約４万室が必要であるという試算を発表し、市長自ら「１万室分の客室が足りない」と記者会見で言い放った。市長自らの発言もあってか、この年を皮切りに市内の空き地にはつぎつぎとホテル建設の立て札が立つようになった。２０１５年（平成27年）に２万９７８６室だった客室は、翌年３万３８８７室、翌々年は３万８４１９室とうなぎのぼりで急増し、２０１８年（平成30年）には早くも必要数の４万室を大きく上回る４万６１４７室に達した。

５年間で旅館ホテル件数は約１００件増、簡易宿所は約2500件増と、とんでもないスピードで建設ラッシュは続いたのである。

2016年（平成28年）10月、京都市は宿泊施設拡充・誘致方針を発表し、本来ホテルが建設できない住宅地や工業地域、さらには市街化調整区域（本来建物の建設が禁止されてるエリア）でも、富裕層向けの高級ホテルなど上質な宿泊施設に限り建設を認めるなどの立地緩和も推し進めた。また大型のホテル用地に対して容積率の緩和を個別にはかるなど、積極的な支援策に出たことも大きかったといえる。その結果、3年もたたないうちに1万室の不足はあっという間に解消されたわけだが、この急激な変化に市民が戸惑いを覚えたのもある種当然のことだったと。

しかし、ここまでの京都市の取り組みが間違っていたとは思わない。足りないから積極的誘導で増やしたことは正しい。ただ、途中から話がおかしくなった。充足したにもかかわらず、強気の姿勢を崩さず増やし続けたのだ。

すでに当初の目標だった4万室は大きく超えていたにもかかわらず、2017年（平成29年）12月、門川京都市長は記者懇談会で「宿泊施設は過剰ではなくまだ足りない。特に富裕層向けの施設が必要だ」と誘致継続の方針を打ち出した。すでに供給過剰、地価高騰などが問題視されていたにもかかわらず「観光客の宿泊日数を1泊増やす」という新たな指針を出し「この視点に立てばまだまだ足りない」と強気の姿勢を崩さなかった。

２０１８年（平成30年）の推計では、客室数が5万室以上になることも見えてきた。

私が所属する京都党は、議会で「これではいくら何《なん》でも過剰供給に陥る」と何度も苦言を呈し、一刻も早く、ホテル不足は解消されたことを公式に宣言すべきだと言い続けたが、やっとホテル充足宣言が出されたのは平成も終わりを告げた２０１９年（令和元年）5月の議会でのことだった。

すでに、ホテル急増問題は別のところに大きな影を落としていた。

地価高騰で市民が住めない街

近年の京都市の地価の高騰はまさにバブルだった。市内でも住宅地は10年連続の下落から横ばいに転じ、全国的に見れば平均的ともいえるが、商業地の高騰は目をみはるものがある。国土交通省による都道府県別の地価変動率を見ても、京都府域商業地の上昇率は２０１６年（平成28年）は全国5位、２０１７年（平成29年）は4位、２０１８年（平成30年）は沖縄、東京を抑えて1位、２０１９年（平成31年）は2位と高水準で推移している。

特に清水寺、祇園を抱える東山区の地価変動率はは前年比31・4％アップと群を抜いている。次いで中心市街地の下京区が21・7％、ホテル建設ラッシュの京都駅付近である南区は17・3％といずれも高水準で、ゲストハウスの参戦がそれに拍車をかけた。

東山の八坂神社のすぐ南、石段下と呼ばれている地域に30坪程度の京町家があった。これがオーナーの都合で不動産会社に３０００万円で売却された。不動産会社は購入直後、別の不動産会社へ５５００万円で売却、さらに別の業者が９０００万円で購入後、多少手を入れて1億５０００万円で売りに出された。さすがに30坪の京町家が1億５０００万円は高すぎたのか、最終的に1億２０００万円程度で買い手がついたと聞いている。しかし、たった数カ月で３０００万円の物件が転売を繰り返し1億２０００万円で売れたとは豪勢な話だ。特に平成28～29年にかけて、不動産業者からこんな話をしばしば聞いた。

人気エリアは拡大し、伏見稲荷付近は2018年（平成30年）、日本一の地価上昇率を記録、特に京都市民がこれまではあまり目を向けなかったエリアの地価が上がっている。全国どこでもそうだが、アクセスも便利でロケーションも悪くないが、地元では人気が低く地価が割安な地域というものがある。旧同和地区であったり、暴力団の組事務所があったり、スラム化していたりと理由はさまざまだが、そうした立地こそがインバウンドには向いていた。外国人観光客にそんなものは関係ないからだ。こうした傾向は全国的に見られる。日本最大のドヤ街と言われた大阪西成のあいりん地区は今やインバウンドのメッカとなり、ついに星野リゾートが、あいりん地区に隣接する新今宮駅前のホテル「OMO7（おもせぶん）大阪新今宮」建設に乗りだした。

京都でも同じように「通常の人気エリア」と、「便利だが不人気エリア」という両極端ながらどちらもインバウンドの影響を受ける地域を中心に、土地が買われていった。

中心市街地のホテル建設に加え、これまで割安感のあった地域に宿泊施設用需要が波及し、大幅な地価上昇が続いている。

中心部での地価の高騰は、オフィス供給と住宅供給に大きな支障をきたしている。街なかの売り物件はほとんどホテル建設事業者が購入してしまうからだ。もちろんマンションデベロッパーやビル事業者も喉《のど》から手が出るほど欲しいのだが、地価が高騰しすぎて事業計画が立てられず、結局最も利回りが高いホテル事業者が購入することになる。

不動産業者も、採算が見込めるホテルやゲストハウスの事業化を推し進める。特に東京や中国大陸からのデベロッパーは、「街のポテンシャルから見れば京都の物件は割安」と判断する傾向が強いようで、どんどん買われ続けていった。

東京に3棟のビルを所有する香港の中国人デベロッパーは語る。

「中国は不動産が高騰していてなかなか手が出せない。その点、日本はまだ割安感がある。特に将来性のある地方都市は狙い目だ。特にまだまだ伸びる観光需要を見込んだ不動産の購入は大変魅力的だ。その点で京都には非常に注目している」

この事業者は実際に京都で民泊用の京町家を購入していた。地主から不動産屋が坪単価60万円で購入した物件を坪単価200万円で購入したが、それでも決して高くはないという。国内の地価が高騰した80年代のバブル期には、日本も「アメリカは不動産が割安だ」と、ハリウッドスタジオ、ペブルビーチ、ロックフェラーセンタービルなどを買い漁って、大ひんしゅくを買ったことは御存じの通りだ。30年遅れで、中国は日本の来た道を辿っている。

さて、話を戻そう。

ホテルラッシュで「1万室増室」の目途が立った2017年（平成29年）は、マンション供給が前年の3分の1に落ち込み、中京区ではそれまで300〜600戸供給で推移していたが、この年が41戸にまで落ち込んでいる。

ある京都の地場の不動産業者は嘆く。

「東京の大手デベロッパーや不動産ファンドは、年度当初の事業計画に京都でのホテル建設を盛り込んでいるケースも多く、金額にかかわらず、とにかく高くても買う。これでは適正な金額で購入したい地元が買えないのは当然」

「中国人の値付けには驚かされるわ。2億円で仕込んだ土地を6億の指し値で買いに来る。さすがに外国人に売るのは気が引けるけど、ここまで思い切られたらさすがに売ってしまうわな。こっちも商売やからね」

不動産仲介事業者はまだしも、地元のマンション、戸建てのデベロッパーは土地が仕込めず大変な苦戦を強いられ、比較的値ごろ感のある周辺部での開発に社運を懸ける。

中心部では土地が仕込めたとしても、土地の原価が高いため、どうしても高級マンション以外での採算が見込めない。そのため、京都でも「億ション」と呼ばれる1億円を超える物件の供給が珍しくなくなった。引退した安室奈美恵さんが京都に引っ越してきたということが、一時期京都で大きな話題となり、市民の間では「どこのマンション?」と噂が持ち切りだったが、どうもこうした億ションをお買い求めになられたようである。

京都をはじめ地方の核になる政令指定都市の特徴は、田舎すぎず都会すぎず、すべてが「ちょうどいい」ということにある。都市の規模も大きすぎず小さすぎず、ちょうどいい規模で、仕事もしっかりあり、お店もたいていのものが揃っており、なにも困らない。流行もそれなりに早い。流通量が確保されるので物価も比較的安い。東京のような長時間の通勤もなく、職住一体とまではいかずとも、せいぜい家から30分圏内に職場があり、交通アクセスもそれなりに充実している。住まいは郊外でも中心地でも、無理なくライフスタイルに合わせて暮らすることができる。これが政令指定都市のいいところだ。「ちょうどいい」はずの政令指定都市でありながら、市の中心部で市民が購入できる物件が著しく不足し、オフィスも確保できないという京都市の事態は深刻である。

バルセロナのように、住人が追い出されるところまではいっていないが、その一歩手前、「街なかに住みたくても高すぎて住めない」という状況が続いている。

不動産投資と幽霊マンション

２０１５年（平成27年）11月、三菱地所レジデンス供給のマンション、「ザ・パークハウス京都鴨川御所東」の販売が開始された。鴨川に面した２８７㎡の部屋は7億円を超えるという西日本最高価格を記録し、全国的に話題を呼んだ。「虎ノ門ヒルズ」の最高価格帯でも5億円、大阪のシンボルタワー「グランフロント大阪オーナーズタワー」でも4億円台である。7億円の部屋は別格としても、「ザ・パークハウス京都鴨川御所東」は全体の6割が1億円を超えており、完全に東京の富裕層がターゲットである。

全体の供給量は減少しているが、こうした高額物件や、地元から見れば割高感のある物件は一定数供給され、それなりに売れているのだ。

しかし、そういった中心部マンションの購入層の7割近くは首都圏や海外在住者だと言われ、セカンドハウス（別荘）としての利用が目的であるという。

京都の人口や都市の規模から考えれば、そうそう億ションなどさばけるはずはない。高額マンションは、計画段階から全国の富裕層がターゲットの「ハイステータスで京都らしい物件」であり、地元市民など相手にしてはいないのだ。

世界遺産・下鴨神社の境内に隣接する神社所有の土地に、JR西日本不動産開発が手がけ2017年（平成29年）に完成した「J・GRAN THE HONOR 下鴨糺の杜」もそのひとつだ。当時、世界遺産の隣接地だということで一部住民が建設反対運動を展開したが、神社が土地に定期借地権を設定して民間デベロッパーに貸し出し、地代収入で神社の維持管理費を捻出するという新しい解決手法も話題になった。

結果的に、デベロッパーによって神社の表参道も整備され、マンション自体も神社と調和した低層の和モダンな造りにされたことで、懸念されたロケーションは開発前よりも良くなったが、その一方で、カーテンが閉じられたままの部屋の多さが目立つ。

この物件は最低価格６０００万円台、最多価格帯は1億円に近く、当初から首都圏を中心に営業がかけられ、企業の保養所、富裕層のセカンドハウス、投機物件として購入されていった。鴨川まで徒歩3分、緑に囲まれ神々しい空気漂うこのマンションは、参道側の部屋からは葵祭の行列を見ることもでき、セカンドハウスとしてはもってこいの物件だったが、完成後1年以上たった今も、窓に明かりが灯る部屋は少ない。この物件は定期借地権型マンションにもかかわらず販売価格がかなり高かったため、投機目的での購入は比較的少なかったようだが、京都の高額物件は投機物件としてリリースされることが多い。

投機目的で購入されたものの、住む人がなく空き家状態の部屋が多い「幽霊マンション」は鴨川沿いをはじめ人気エリアで続々と増えている。

ホテルラッシュや投機資金の流入に加え、特に高さなど京都独特の景観規制も不動産価格高騰に拍車を掛けている。たとえば、通常の都市なら15階建てが建つ土地に対し、京都は6階までしか建てられず、十分な戸数が確保できないぶんがどうしても価格に転嫁される。

不動産価格が高水準になり、その解決策として購買層を地元住民から首都圏の富裕層へシフトしたわけだが、せっかくの開発でもこれでは街に活気が生まれない。別荘購入者が京都で過ごすのは週に1度ていどで、住民税は払わないがゴミ捨てや、地域の施設は利用する。

そのあおりを食らうようにして地元住民が流出するという悪循環に陥っている。これも不動産価格の高騰と京都人気が生んだひとつの弊害だ。

ちなみに私は、この解決策には「京都投資税」という新税の創設が効果的ではないかと思っている。熱海市の「別荘税」がこれに近い。熱海市の場合、リゾートマンションの乱立が発端だが、別荘購入者も行政サービスは利用するのだから、固定資産税以外にも「一定の負担を」ということで始まった。

「ブランド税」でブランドを守れ

京都の場合、限りあるスペースの別荘化がむやみに進むことは都市としてプラスだとは言えず、まして投機目的での物件購入が進むことはさらに歓迎されるべきことではない。ドバイのように投機資金を集め、富が富を生むという仕組みで成長しようという都市モデルならばそれもいいかもしれないが、京都は違う。京都のスタンスは、限りある資源をいかに有効に使うかということにある。そもそも、京都市民は京都ブランドを構築するためにさまざまな制約を課せられてきた。京都市民の税金がブランド構築に使われていることはもちろん、家を一つ建てるにしても、屋根の勾配から形状、事細かな色に至るまで他都市とは比べものにならないくらい厳しく規制されている。街並みをはやりのヨーロッパ調に統一することなどもちろんできない。数々の、ある種の犠牲の上に京都ブランドは今日の姿を保っている。

そのブランド力に目を付けた投資家たちが京都ブランドを使い、利益を上げ、収益を京都から持ち出すことをすべて否定しようとは思わない。それも経済活動の一環として間違ったこととは言えない。しかし、京都ブランドを利用して利益を上げるならば、ブランド構築にその利益の一部を充ててもらうのが筋ではないだろうか。それこそがフェアというものだ。したがって、投機、別荘等を目的として購入される物件に対しては、京都の都市格向上に資する目的税として、こうした「ブランド税」（投資家税）を導入してはどうかと思う。課税対象は京都に本店を構えない企業、そして京都市外に住民票を置く住民に限る。住民票を京都に移した場合は市民税などを負担することになるので、ブランド税の課税対象から外される。

企業が支払う税率を高く設定することで京都から海外投資家や首都圏のファンド等の投機筋を撤退させることも可能かもしれない。

税率のコントロールは非常に難しいので、少々乱暴な提案かもしれないが、市民生活を守り、京都の都市格を向上させるためには必要な取り組みではないだろうか。

20〜30代の人口流出を食い止めろ

今、京都に限らず都市の人口減少は全国的に深刻な問題になっている。

政令指定都市は人口減少問題とは比較的無縁であるケースが多いが、京都市は政令指定都市のなかでは数少ない人口流出都市で、ここ10年で、神戸、福岡、川崎に人口で抜かれている。

２０１９年（平成31年）２月23日号の「週刊東洋経済」の特集記事では、２０１５年（平成27年）から２０１８年（平成30年）に15歳～64歳の人口が減少した都市、増加した都市がランキングされている。京都市の減少人数は全国のワースト5位だった。同期間中に人口が増加した都市は全国で１０９都市あるのだが、そのなかに京都市周辺の８都市が含まれていた。京都市から周辺都市に人口が流出している、ということである。

この人口減少に観光公害の影響があることは否定できない。

京都市の人口移動の特徴はふたつだ。

①18歳で大量に移住してきた大学生が地元出身学生の一部を含め、就職で東京、大阪へ移る。

②所帯を持つ、家を買うタイミングで大量に市外に流出する。

その結果20代、30代は大幅な転出超過だが、それ以外の全年齢では転入超過となっており、20代、30代の転出超過をいかにして食い止めるかが人口減少問題解決の鍵となる。

それを裏付けるように、２０１８年（平成30年）の転出超過は、労働市場である東京（１８９７人）への転出と大阪への転出（１６９１人）、安い住居を求めての京都府南部への転出（１０１２人）と滋賀県（６７６人）への転出に限られる。

20～30代人口流出の理由は簡単で、「仕事がない」のと「家が買えない」ことだ。京都市はそれに対し、東京で「若者の定住促進イベント」などを積極的に打っているが、的外れもいいところだ。そもそも京都に魅力を感じていない人に無理やり魅力を伝えて遠い所から引っ越しをさせる労力より、今住んでいる人を引き留める方がはるかに効率がよい。そもそも、移住促進政策をしたところで、上記ふたつの課題を解決しなければ、再び流出するだけだ。

これらの課題を解決する方法はふたつ、
①仕事をつくり、マッチングさせる
②地価の上昇抑制
ということだ。しかし、ここに大きな影を落とすのが、観光政策、ホテル誘致問題だ。

仕事をつくり、マッチングを進めるにはいろいろな方法がある。有償のインターンシップ制度の拡充や企業の大学への寄付講座など地元企業とのマッチングにつながるソフト面でできることも多いが、一番の問題は学生のニーズに合った企業があるかどうかという点だ。幸い京都市は京都大学を筆頭に優秀な大学が多いが、優秀な学生ほど地元に就職しない。大半は東京や大阪へ就職する。彼らにとって魅力的な、行きたくなる企業がないからだ。もちろん、府内にも任天堂、オムロン、京セラ、日本電産、ワコール、村田製作所など数多くの上場企業、優良企業はひしめきあい、地方の企業集積基地となっている。しかし製造業などに偏り、それらを志望する学生は一部でしかない。結局、働く場所というよりも働きたい場所がないわけだ。その点、東京や大阪には多くの業種の企業があり、高収入やおしゃれなオフィスなど、若者が憧れるような企業が軒を連ねる。

企業誘致が解決の鍵

京都は、学生が就職したい企業の誘致、またそういった企業の創業支援を行い育てていくしかないということだ。幸い今、多くの企業が京都市に目を向けている。労働市場の枯渇に伴い、優秀な学生が多い京都市は採用拠点として大変魅力的な都市だといわれている。東京にも学生はたくさんいるが、企業数が多いぶん取り合いも激しい。当然、採用コストも高止まりしている。その点、学生数に対して企業数が少ない京都は、非常に採用がしやすい「穴場」というわけだ。

また最近は、さまざまな商品開発において極めて高いデザイン性が求められるようになった。世界的大ヒット商品であるｉＰｈｏｎｅにせよ、ダイソンの家電にせよ、デザイン性に優れたものばかりだ。

多くの企業がソフトウェアも含めた商品に高いデザイン性を求め、美の集積地であり、芸術文化度の高い京都に企業の拠点を構える動きが活発になってきている。今や国民必須となったＳＮＳアプリを生み出したＬＩＮＥの開発拠点「ＬＩＮＥ ＫＹＯＴＯ」、パナソニックの家電デザイン部門を集結した「Ｐａｎａｓｏｎｉｃ Ｄｅｓｉｇｎ Ｋｙｏｔｏ」などが、つぎつぎと京都にオフィスを構え始めている。

今、京都は企業誘致の大きなチャンスを迎えている。従来型の工場誘致ではなく、京都大学をはじめとする優秀な学生、いわゆる高度人材に対応したソフト中心の企業誘致だ。そのためにはオフィスがいる。東京の丸の内とは違う京都らしさを持ち、学生が働きたくなるような素敵なオフィスが必要だ。そうすれば、人口流出に歯止めがかかり、さらなる知の集積によって京都は次のステージへ移行できる。2019年（令和元年）7月の火災で世界中が悲しみに包まれた京都アニメーションに代表されるアニメ産業も京都が集積できる産業のひとつだ。マンガ学部を持つ京都精華大学ほか、多くの芸術系大学もある。任天堂やトーセに代表されるゲーム産業もそうだ。京都という特殊性はさまざまな産業を開花させるだけのポテンシャルを持っているが、その一部しか開花していないことが何とも嘆かわしい。

京都市内のオフィス空室率はここ数年0%台で推移し、全国のなかでも最もオフィス不足に悩まされている都市になってしまった。運よく空き室があっても、地方都市特有の割安感のあるオフィス賃料にはほど遠く、大阪、神戸と比べても明らかに高い。これもホテル誘致に伴う地価の高騰によるものだ。

ホテルによる地価高騰は若者の人口流出にまで影響を及ぼしているのだ。

30代の「そろそろ家を買いたい」という世代にも同じことが言える。最近の住宅ニーズは全国的に都心回帰で、便利なところに住居を構えたいというニーズが高い。とりわけ駅近物件、中心市街地は人気だ。しかし京都の場合、中心地である上京区、中京区、下京区、そして南区の京都駅付近に彼らが購入できるような物件供給はほとんどない。結果、周辺都市の駅近物件にどんどん流れていく。実際、前述のように京都市の人口は減少しているが、周辺都市は数少ない人口増加都市になっている。特に日本を代表する巨大企業に発展した日本電産が新拠点（第2本社）建設を予定する向日市は、阪急洛西口駅前再開発、さらにJR向日町駅東口新設に伴い日本電産の関連企業をまとめて誘致するNidecシティ構想などの駅前再開発に沸いている。こうした周辺都市の駅近物件に京都市民がどんどん流出していくことは容易に想像がつく。

今、京都市は都市計画でも「観光」「文化」ばかりが強調され、産業振興はほとんど抜け落ちている。観光政策優先でホテルが地価を高騰させる。また景観重視で規制が多く不動産価格は必然的に高止まりする。結果、家が買えないという事態にも発展する。市民にとってまず優先すべきは文化・観光ではなく、「住むとこ」「働くとこ」ではなかろうか。

京都の観光客数は５０００万人が限界

まず必要なのは「京都にとって適切な観光客の受け入れ客数とは何人なのか」という視点だ。今の京都市の政策には、これが欠落している。すでに街じゅうに観光客があふれ、市民から不満の声が上がっている。

２０１９年（令和元年）６月18日の京都新聞に、興味深い読者アンケートが掲載されていた。

「市内にホテルはもっと必要か」という問いに72・３％の市民が「いいえ」と答え、「はい」19・６％を大幅に上回った。「観光客の数を制限する対策は必要ですか」という問いには72・８％が「はい」と回答している。

「受け入れ側の体制が整っていない。京都ブランドに甘えすぎ」

「観光客が増え経済効果があがっても市民には実感がない」

「市民の財産の番組小学校を大会社に売り渡し、富裕層向けホテルにするのは大反対」といった生の声も紹介されている。

このままホテルが増え続ければ、観光公害は間違いなくどんどん広がり、ヴェネチアの来た道をたどることになりかねない。これまで京都市は観光客5000万人を目指してきた。ここまではなんとか受け入れがスムーズだったといっていい。

しかし5000万人に達した後も目標人数を設定せず、質の向上を目指すとしながらも、ただ受け入れ総量を増やすべく宿泊施設の拡充に取り組み続けている。しかし、結局のところ、施設だけが受け入れるキャパを確保しても都市インフラをはじめそれ以外がまったく追いついていなければ観光公害は発生する。行政による観光客のコントロールがうまく機能しなかったことも観光公害発生の一端であることは否定できない。

まず、適正な受け入れ規模をいったん整理する必要がある。

私は、現在の京都市が市民と共存しながら受け入れられる観光客数は5000万人が限界だと感じている。というより、これ以上増えると観光客、市民ともに不満が増大し、両者にとっていいことがない。大がかりなインフラ整備、混雑緩和対策、さらに積極的に観光客と市民の融和策をとり、再び京都市民の口から「観光客の皆様、ぜひ京都へお越しください」という言葉が出るようになるまで、現状を維持しながら行政がうまくコントロールする必要がある。

京都市の観光客数は他都市がうらやむほどに順調に右肩上がりで伸び続けてきたが、ここでいったん踊り場をつくって整理し、受け入れ整備が進めば、再びそれ以上の人数受け入れを目指すシナリオがあってもよい。そのためのコントロールに最も効果的なのが、宿泊施設の適正な確保である。

バルセロナ型ホテル規制を実施せよ

私は〝キャリング・キャパシティー理論〟をその軸において考えている。キャリング・キャパシティーは「環境容量」などと訳されるが、要は水槽に魚を入れておくとどんどん増えるが一定を超えると共食いを始めたり病気になったりで、一定数以上には増えないというやつだ。大きい水槽に移してやるとまた増え続け、一定数に達すると再び抑制が始まる。人口も農業革命や産業革命が起こるたびに全体の生産量が増え、それに応じた人口増加を繰り返してきた。同じように、キャリング・キャパシティーの視点で考えると、国内外からの観光客数がしばらく増加し続け、ホテル数が増えればそれに応じて観光客はさらにやってくるということになる。逆に宿泊するところがないと必然的に宿泊客は減り、周辺都市に宿泊するにしても京都市内での滞留時間は短くなる。つまり、観光客を抑制するにはホテル数を抑制することが最も即効性が高い。いったん抑制し、現状を維持しつつ、その間に発生している課題をつぎつぎと解決していけばよいのだ。大切なことは抑制策、マネジメント策、受け入れ策の3つが同時並行的に進まねばならないということだ。

ホテルのコントロールについて即効性があるのは、スペインのカルヴィア市などが取り組んでいる、ベッド数の上限を決めベッド数をライセンス化する手法だが、さすがにこれは行き過ぎの感もあり、ちょうどいいのはバルセロナが実施しているゾーニングによる抑制政策である。

2017年1月、バルセロナ市は観光用宿泊施設特別都市計画を策定し、宿泊施設の立地規制を始め、市内を以下のような4つのエリアに分けた。

【エリア1】ホテル等の新規建設を規制するゾーン（歴史的観光資源が多い旧市街地）

【エリア2】既存の施設が閉鎖された場合にのみ、最大密度の範囲内で閉鎖した施設と同数の部屋数の施設建設が可能なゾーン（エリア1の外周都心部）

【エリア3】最大密度の範囲において新たな施設の建設が可能なゾーン（比較的宿泊施設が少ない郊外）

【エリア4】ホテル建設は自由にできるゾーン（再開発地域）

これ以外にも、歴史地区、幹線道路沿線には別の規制をかけ、エリア3、4でも住宅戸数とのバランスを考えた細かな規制が加えられている。

ちなみにバルセロナ市も2014年から2017年に宿泊施設の急増に伴い、不動産価格が高騰、投機目的がそれに拍車をかけ、市民の不満が爆発している。行政当局は、市民生活に脅威を及ぼさない安定レベルまで観光客数を削減することを目標に掲げ、こうしたホテル規制をはじめ、行政による観光プロモーションの中止、観光関連の補助金の廃止など複合的な削減策に踏み切っている。

京都市もここ数年進めてきた住居地域へのホテル誘致拡大をやめ、思い切ったゾーニング政策をとるべきだ。

中心市街地は市民の居住ニーズも高く、著しいオフィス不足も頭が痛い問題であることを考えると、誘致についてはかなり厳しい規制を課すべきである。住宅専用地域はもとのように宿泊施設を規制し、優良な京町家の保全のため、重要京町家に限っては宿泊施設を設置できるようにするといったことだ。現在、京都市では京町家条例によって「昭和25年以前に建てられた古民家」がほとんど京町家とされており、玉石混淆もはなはだしい。本当に保全が必要と思われる重要京町家に限って適用するべきだろう。

自由に建設が可能なエリアについては、らくなん進都と呼ばれる再開発地域や住民とのトラブルが発生しにくいであろう工業地域、商業地域などを丁寧に選別しながら進めるといったコントロールを実施すべきではないだろうか。

また、バルセロナでは観光客向けのマンションについても固定資産税の引き上げを進めており、市外からの投機目的の不動産所有などに関しては、京都でも参考にする価値があることを付記しておきたい。

第4章　大渋滞する京都の道路

京都市民が市バスに乗れない

京都に観光に訪れたことがある人の多くが「京都のバス路線は複雑だ」と言う。

実際、京都市民であっても目の前のバスがどこを通ってどこに行くのかはほとんどわからず、せいぜい知っているのは自宅の最寄りのバス停を通る路線ぐらいのものだ。しかしこれは、それだけバス路線が充実しているということでもある。バスの本数、路線が増えれば、路線図が複雑になり、わかりにくくなることは確かだ。かつてイタリアのミラノで、街を縦横無尽に何十本も走るトラムの路線をを見たとき、なんと複雑なものかと思い、目の前のバスの行く先を通行人にたずねたが、誰ひとり知らなかった。バスでも電車でも、路線が増えると「複雑だ」と思いがちだが、それだけ細かい市民ニーズにも応えているとも言えるのだ。

ところが、それほど充実した京都の市バスに、今、京都市民が乗れないという問題が発生している。原因は観光客だ。原因はさらに3つに分けられる。

1つは、想定以上の観光客が入洛し、公共交通機関の容量をオーバーしているということ。特に観光シーズンは大幅にオーバーしている。

２つめは、観光地、宿泊施設の分散化によるものだ。前述した通り、京都市は観光客５０００万人構想に向けて観光客の受け入れキャパを広げるため、季節の分散化と地域の分散化を積極的に進めてきた。これには一定の効果が見られたのだが、地域の分散化によって、住民の生活領域に観光客が入ってきた。これまで地元の人しか行かないような神社仏閣に観光客が訪れ、住宅地の中にも宿泊施設ができる状況が生まれた。地域の分散化が進んだことで、受け入れ客数は着実に伸びたが、普段地元の市民しか乗らないようなバス路線に観光客がなだれ込んでくる現象が相次いだのだ。これまで観光客がやってくるのは清水寺、金閣寺、平安神宮などの観光地に限られていた。金閣寺前などのバス停に観光客が列をなし、そこを通るバス路線が観光客でいっぱいになることくらいは、市民にとっては織り込み済みのことだった。だから、これまでは取り立てて大きな不満の声は上がらなかったのだ。

３つめは、外国人観光客の増加と、その中でもＦＩＴ（個人旅行）の拡大という「観光の質」の変化である。かつて「観光」といえば団体旅行が中心だった。旅行代理店が企画するパック旅行に参加し、観光バスで観光地を巡るのがスタンダードな観光だった。しかし、今や団体旅行と個人旅行の比率は逆転し、個人旅行の時代に突入した。彼らは自らの足で歩き、公共交通機関を駆使して観光を楽しむ。観光客は世界中で公共交通機関を使うようになったのである。個人旅行の外国人観光客はそれぞれ荷物を持って滞在先に移動するため、巨大なスーツケースやバックパックが市バスに持ち込まれる。これも混雑に拍車をかける原因だ。

ちなみにこれは中国人の友人から聞いた話だが、中国人はホテルなどにスーツケースを置かず、荷物を出してからそのまま観光に持ち歩くことが多いという。手持ちのバッグよりキャスターのついたスーツケースのほうが、観光先で大量に買い物をしても移動が便利だから、ということで、これも市バスに大型のスーツケースやキャリーバッグが持ち込まれる理由にもなっている。

前述の通り、これまでの混雑は地元住民もある程度は納得していたことで、今に始まったことではなかった。しかし、ここ数年の不満の高まりは少し違う。

「秋になるとバスがみんな満車で、何台待っても乗れない」

「近所のバス停から通勤したいが、満員で乗車できず、しばしば会社に遅刻する」

「市バスの混雑で社員が時間通り来られないので、うちの会社では自転車を貸与し、駅から自転車通勤をさせている」

「観光シーズンになると、時刻表がまったく役に立たない」

「旅行者の大きな荷物がとても邪魔。ただでさえ狭い車内がさらに狭くなる」

「外国人が優先席に平然と座っている。譲ってほしいが、声をかけられない」

「背中の大きなリュックが通路をふさぐ。せめて体の前で持ってほしい」

「高齢者用の敬老乗車証で、タダ同然で乗らせてもらっているが、タダでも乗りたくない」


これらの声に対し、京都市も手をこまねいているわけではない。バスの増便はもちろん、スーツケース置き場を常設した新規バス車両の購入、マナー向上の呼びかけ、手ぶら観光に向けたスーツケース配送サービス（京都駅から宿泊先へ低額で配送）などつぎつぎと手を打ってきている。しかし、こうした対症療法的な対策では追いつかない。決して旅行者が悪いわけではないのだが、バス問題はとりわけ、市民の旅行者に対する不満が高まる原因になっている。

できることから手を付けることは間違っていないが、小手先だけの対応よりも抜本的な対策が急務だ。

生活路線バスと観光路線バスを明確に分けろ

当面の対策として、まずは市バスの増便を行っているが、それ以外にも観光路線の100号系統【京都駅～博物館・三十三間堂～清水道～祇園～平安神宮～銀閣寺】、104号系統【京都鉄道博物館～水族館～四条河原町～三条京阪】、111号系統【京都駅前～西本願寺～二条城～金閣寺～北野天満宮】などを急拡大し、バス停の一部を観光客用乗り場と市民用乗り場に分けるなど、まだ不十分ながらも観光客増加を意識した取り組みを続けている。

また、混雑するバス路線から比較的輸送力に余裕がある地下鉄へ乗客を誘導するために、2018年（平成30年）、バス1日券を500円から600円に値上げし、同時に

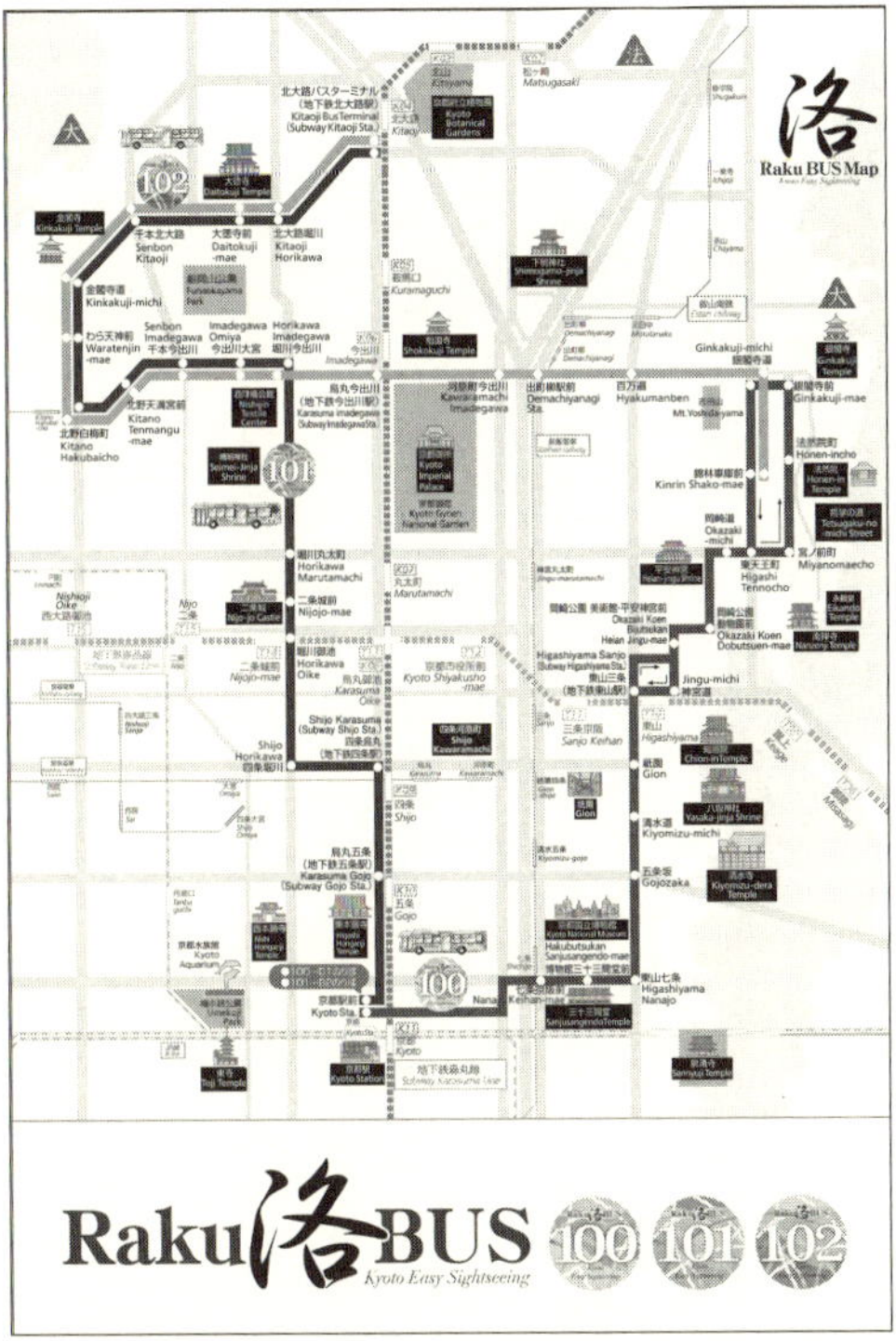

「洛バス」の路線図とラッピングされた車体

地下鉄・バス1日券を1200円から900円に引き下げて、一定数をバス利用から地下鉄利用へ誘導した。

市民からはバス1日券の値上げに反対する声もあったが、バスから地下鉄への観光客誘導効果は出ている。

しかし、いずれも根本的な解決には至らず、現在の施策では市民の不満は解消されていない。「我々の市営バスは観光客用のものではない」という市民の思いが強いからだ。

これを解決するには、原則的に観光路線と生活路線を分けるしかないのだ。バス路線は、きめ細かくすればするほど、住民が喜ぶ一方で複雑化しわかりにくくなる。路線数を減らすと住民にとっては不便になるが、わかりやすくなる。観光客にとっては「わかりやすさ」が重要で、「きめ細かさ」はさほど必要ない。実際、京都に限らず旅行ガイドブックには、電車路線図は掲載されていても、路線が多くわかりにくいバス路線図は載っていないのが普通だ。ヨーロッパにはバス並みにトラムが整備されている都市もあるが、そういう都市のガイドブックにも、トラム路線図は掲載されていない。

それでも、京都はバスに乗らないとどこにも行けないため、観光客は迷いながらもバスに乗っている。

私は「観光路線を分けるべき論」をずいぶん前から主張し続けてきたが、最近やっと市バスの観光路線を１００番台（１０１～１１１号系統）にまとめ、計８種類のバスを走らせるところまできた。大いなる前進ではあるが、まだほとんど認知されておらず、路線は不足気味だ。

まず、誰が見ても観光路線だとわかるようにすべきだ。今のところ１～99号系統は起点から終点を往復する路線、１００～１１１号系統は観光系統、２００号系統以降は循環系統と、行政的には整理されているが、そもそも市民すらよく理解していない。

市民も観光客も、観光路線という認識もなく、それ以外のバスと同じように乗り込んでいる状況は変わらず、そもそも観光路線があるということすら知らない人も多い。１００、１０１、１０２号系統だけは「洛バス」と名付けラッピングしているので、なんとなくそういう観光系統のようなものがあることは知られているが、他のバスとの違いがわかっている人はほとんどいない。

しかも「観光路線」と言ったところで、観光路線専用の料金体系があるわけではなく、

1日乗車券を買えばすべての路線に乗れる。観光路線はあるが、観光路線として機能していないのだ。

観光路線は見た目も、名称もわかりやすくするために、たとえば生活路線（1～99号系統）はグリーンライン、循環路線（200～208号系統）はオレンジライン、観光路線（100～111号系統）はパープルライン、などとすればよい。ガイドブックにはパープルの観光路線だけを掲載し、路線をもう少し増やし、観光路線専用の1日券をつくって「とにかく京都観光は市バスの観光路線を」というスタンスを徹底させる。こうすれば多くの観光客が観光路線に乗り、生活路線への流入は大幅に減少する。もちろん京都市民も観光路線に乗るが、「キャリーバッグが邪魔だなあ」と感じても、観光路線とわかって乗れば腹も立ちにくい。

市バスの「観光路線明確化」は、まだ道半ばではあるものの、さらに政策効果がはっきり出るよう取り組むべきである。

「夢の地下環状線」は自動運転シャトルで実現を

ただ、バス路線の分離は有効策ではあるものの、それでも抜本的な解消策には物足りない。あらためて考えねばならないのは、そもそも現在の京都市の交通網は、市民140万人、観光客3000万人の時代につくられたものだということだ。観光客が今日のように公共交通機関を駆使して旅行をするということも当時は想定外だった。今後さらに増える観光客を考えれば、京都市の交通が限界を迎えつつあるのは当然の結果なのだ。しかも、京都市は未曾有の財政危機状態で、この難局を乗り切るのは非常に難しい。

それらを踏まえて、あえて今、京都市に必要なのは京都駅を起点にした地下環状線の建設だと言いたい。

日本一乗降客数が多い市バス205号系統ルートをベースに、五条～河原町～出町柳～北大路～北野白梅町～円町～西大路～西院など主要駅をすべて結ぶ新たなルートをつくるのだ。

これは1978年（昭和53年）に廃止された市電の路線で、当時から最も利用者の多いルートだった。現行の駅と連絡通路で接続すれば、京都市内にある鉄軌道はすべての

京都は環状地下シャトルでこんなに便利になる

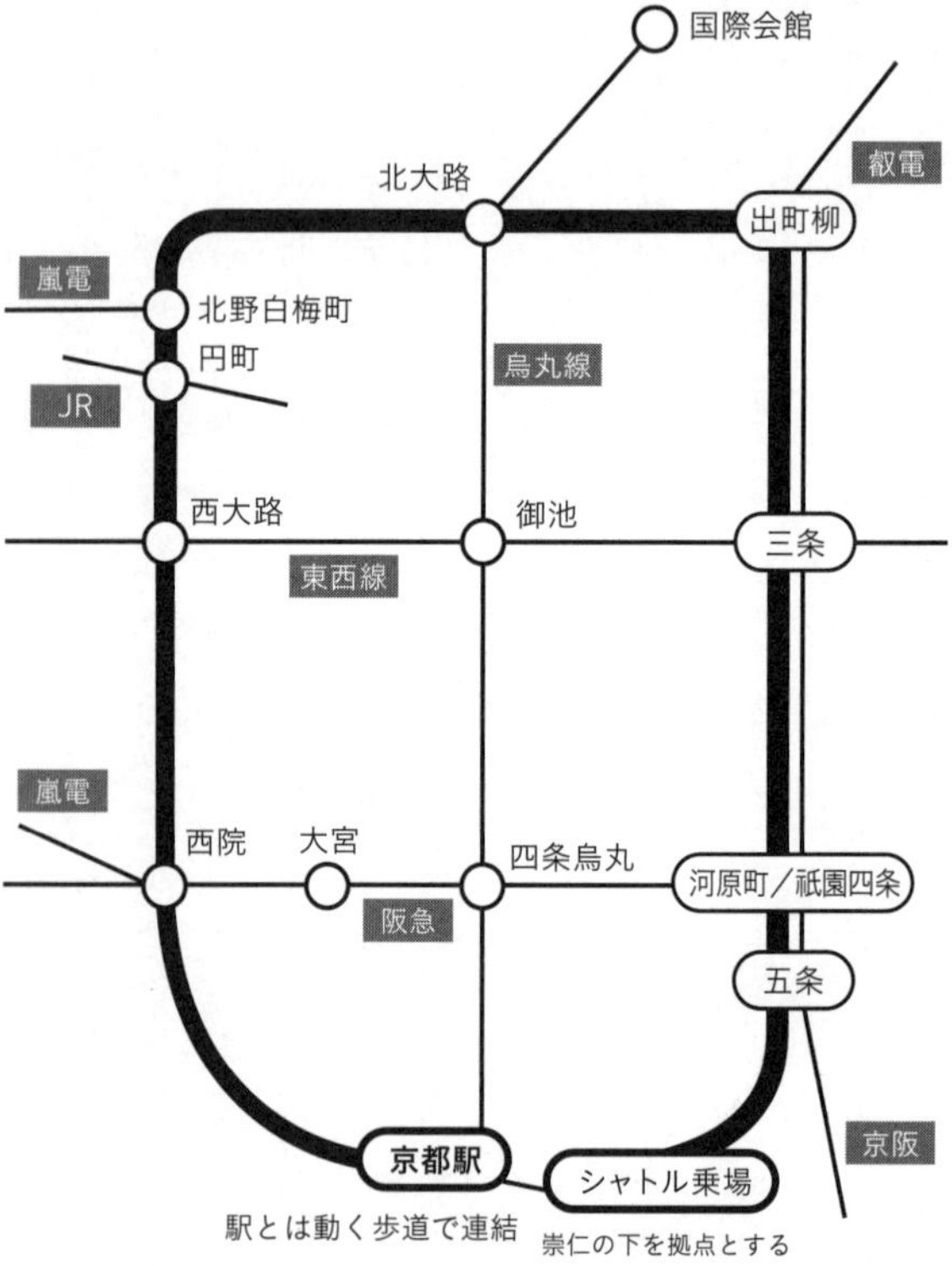

路線と連動することができ、市内の輸送環境を大幅に改善できる。

特に、いったん地上に出なければ接続できない阪急河原町と京阪祇園四条の接続、バスの乗降客が溢れる西院などの接続は、利便性確保の観点から外せない。

では、いったいどこにその路線をつくるのか？　私たちは路面、高架等も検討した。しかし道路面積が少ない現行の道路上に軌道を確保することは困難であり、高架化も景観上の課題を考慮すると難しい。

京都市の新たな交通網としては、地下空間を使うべきだというのが結論だ。

「それができるならとっくにやっている」と言われそうだが、やはり最も難しいのはコスト、すなわち建設費の問題である。近年、地下鉄建設は大幅なコストダウンが進んでいるが、それでも莫大な予算が必要になる。

そこで提案したいのが、市民の負担を極限まで抑えた地下の自動運転シャトルだ。

まず、地下鉄の建設予算の中で大きな割合を占める駅舎の建設だが、極限まで簡素化する。駅は原則無人、改札なしでＩＣカード受付機のみ、トイレもなし、配管むき出し、打ちっぱなしのままで、タイル張りなどの装飾は原則行わず、殺風景ともいえる建造物に留める。「駅」のイメージは、地下にあるバス停だ。黒部ダムに行けばそのイメージに近いものが走っている。

改札については、定期的な検札と厳しいペナルティーで対処する欧米方式を採用する。なぜなら、無賃乗車を防ぐための改札口設置・運営コストが、無賃乗車による損失を上回るからだ。これは、全国の鉄道会社も導入すべきだと個人的には思っている。また、券売機等も設置せず、乗車はすべてICカードまたは電子決済のみのキャッシュレスとして、低コスト化を進める。すでに顔認証システムが確立している昨今、あと10年もすれば全国の駅で改札がなくなり、通り過ぎるだけで支払いができる自動課金になる日も来るだろう。

建設時に掘削機を下ろす竪坑《たてこう》は、そのまま駅に利用し、駅舎の規模も最小限に留めれば、通常1駅約50億円といわれる駅舎建設を10億〜15億円まで圧縮することが可能だ。

次に軌道にあたる部分だが、シールド工法技術は年々進化しており、京都市の財政難の元凶でもある、地下鉄東西線建設当時と比べると、近年は建設コストが半分近くにまで下がっている。さらにダウンサイジングを進め、5M口径という小型のトンネルをシールド工法で掘り進める。すでに６Ｍ口径のトンネルは水道局が水道管として導入済みなので、決して難しいことではない。５Ｍ口径であれば、水道管の敷設コスト並みでトンネルを掘り進めることが可能だ。

京都は地面のどこを掘っても埋蔵文化財が出るため、地下工事は困難を極めるともいわれているが、埋蔵文化財が発掘されるのはかなり浅い部分で、深度を深くとれば大きな問題はない。電気軌道は敷設せず、車が1台通れる路面を確保して完全自動運転の電気シャトルを走らせるのだ。無人運転技術はすでに実用段階にあり、法整備や事故時の責任問題などが残るため、一般道での走行はまだできないが、専用道であればすぐにでも導入できる状況にある。

専用軌道なのでバスのような遅延もない。バスの最大経費である運転手が不要なので、利益確保も容易だ。トラブル発生時の対応など課題はあるが、いずれにせよ、経費が極限まで圧縮されるので、経常損益は十分黒字を確保できるはずだ。

シャトルの駅名に「ネーミングライツ」導入で負担を軽く

夢物語のように思われるかもしれないが、実際には、かなり返済計画が立てやすいので事業化は難しくないとみている。

さらに、駅舎建設については、ネーミングライツを導入。駅名、駅舎ごとネーミングライツの対象にし、建設費を捻出する。「ソフトバンク・金閣寺前」や「マイクロソフト・清水道」といった具合に最初の10年は駅名に企業名を入れ、駅の広告も自由にすることで建設費の一部負担をお願いする。これもすでに国内外で導入が進んでいる仕組みだ。国の地下鉄補助が認められれば、3分の1は国負担になり、費用負担はさらに軽減される。

民間企業にも資本参入を促し、事業会社として出発できれば、市の負担をもっと軽減することが可能だ。私の試算では返済年数や金利にもよるが、返済原資に2017年(平成29年)から始まった宿泊税の税収(現在43億円)を充てれば、市民の税金負担ゼロで建設できる可能性もあると考えている。

この輸送手段の肝《きも》は、市内のどこからでもどの路線からでも京都駅にアクセスできるということだ。従って拠点駅は京都駅でなければ意味がない。幸い、京都駅から少し離れた崇仁エリアには広大な市有地があり、工事ヤードや駅舎の建設も可能だ。京都駅と崇仁エリアを「動く歩道」で接続し、そこに新京都駅を建設する。この土地は、市が京都市立芸大の誘致を目論んでいるエリアだが、新駅設置こそ駅前特性を最大限に生かせる土地活用であり、新交通も最も有効に機能するのではないか。

まずは観光バス待機場所が先決

京都の道路混雑に関して、最後は観光バス問題についても触れておかねばならない。京都市でも、かねてから観光バスの停車が問題になっている。

以前「京都市役所前を走る御池通の一部が昼休みになると観光バスで埋めつくされる」という苦情が近隣住民から殺到し、市が取り締まりを強化したことがある。原因は、すぐそばにあった「京都ロイヤルホテル＆スパ」（現在は閉館）地下１階のバイキング形式の中華料理店に中国人旅行者が殺到したことにあった。中国人旅行者は世界中どこへ旅しても、食べ慣れた中華料理を食べたがる傾向が強く、中国人旅行者向けの中華料理店が京都市内に点在する。こうした中華料理店をめがけて観光バスが大挙してやってくる現象はあちこちで起きており、一昨年も住宅街の中華料理店にまで観光バスが連日やってきて、中華料理店に対する抗議運動が起こったほどだ。結局その中華料理店は廃業に追いやられてしまった。

近年京都を訪れる観光バスは、こうした中華料理店と有名観光地界隈に数多く出没するのだが、一番大きな問題は、乗客待ちのバスの行き場だ。観光バスは中華料理店や観光地に乗客を降ろした後、乗客の食事などが終わるまで1~2時間待機し、再び彼らを乗車させて次の目的地へ向かうのだが、この待機時間の行き場がないケースが多い。

大型観光バスの駐車場が確保されている観光名所は限られており、周辺の道路上に長時間停車し、道路を1車線塞いでいるケースが目立つ。特に平安神宮の北側の丸太町通りは比較的交通量が少ないため、連日観光バスが時間つぶしに停車し、観光バス銀座と化している。また、停車状態のバスは苦情の原因になることから、客を降ろした後、ただ市内を流しながら客待ちをしているケースもあり、いたずらに交通量を増やして渋滞の原因にもなっている。

ここでひとつ考えねばならないのは、都市にとって「観光バスは善なのか、悪なのか」という問題だ。マイカー観光は輸送効率も悪いし、環境にも悪い。交通渋滞の原因にもなるので、公共交通機関での観光を呼びかけているのだが、観光バスはどうにも中途半端な位置づけで、京都市もこれに対して明確な答えを持っていない。

観光バスは、マイカーに比べれば輸送効率も高く、環境にもやさしいと言えるのでマイカーと公共交通機関の中間的な位置づけになるのだが「マイカー寄りと見るか、公共交通機関寄りと見るか」で対策はかなり変わる。

「観光バス排除」の姿勢で臨むなら、イタリアのように規制対象にする必要がある。

フィレンツエなどでは、観光バスは市街地混雑の要因になることから完全に「迷惑なもの」と位置づけて排除の方針を明確にし、高額な観光バス税を導入している。観光バスは課金されるエリアの手前で乗客を降ろし、そこで待機しなければならない。１台につき数万円に上る課税はツアー代金にはね返り、運営が困難になるためそうした対応をせざるを得ないのだ。

市街地への観光バスの乗り入れ自体は大幅に制限されている。

一方、「観光バス歓迎」の姿勢を取るならば、大型バスプールの整備が急務になる。とにかくバスが道路上に溢れかえることは、道路面積が狭く渋滞が起こりやすい京都市内では絶対に避けなければならない事態だ。

根源的問題はバスプールの著しい不足である。しかし観光バスの駐車場はかなり大きな敷地が必要になり、一般車両のように立体駐車場というわけにはいかないため、用地確保がかなり難しいことも否めない。

排除か歓迎か、どちらが正しいかの判断は大変難しいが、私見を言えば、修学旅行生の受け入れなども考慮し、適正に運行されるなら、観光バスはそれなりにいい輸送手段だと思う。

まずはバスプールの整備から始めるのがいいだろう。こういうものこそ、神社仏閣に協力を頂いて整備するのが有益ではないだろうか。

第5章　市民の不満と京都

星の数が多いホテルには高率の宿泊税を

「なぜ市民の税金が観光にばかり使われるんですか。観光客のせいで渋滞はするし、地元は大変になるばかりです」

観光政策に対する市民の本音が漏れ聞こえ始めたのは２０１５年（平成27年）頃からだ。観光インフラはまだまだ不足しているが、その整備予算を市民の税金だけに頼るのは正直限界にきている。

私はこうした市民の不満が出る以前の２０１３年（平成25年）頃から、インフラ整備費用の一部を観光客にも負担してもらう「観光税」の導入をすべきだと感じていた。当時は「観光公害」などといった言葉はほとんど知られておらず、どこの自治体もこぞって観光客誘致に力を入れていた時代だったが、必ず近い将来、京都でもスペインやイタリアのようなことが起きることは予測できたからだ。

京都市は駐車場税、観光バス税、宿泊税、かつて導入した古都税など、どんな観光税が有効かを検討し始めた。その結果「取りっぱぐれ」がなく、負担感が少なく、市民にしわ寄せが来ない（駐車場税等は市民にも負担が発生する）といった理由から、「宿泊税」が最善ではないか、という答えに行き着いた。

ただ、宿泊税といってもさまざまなやり方がある。私は東京、大阪はもちろん、宿泊税先進事例のある欧州にも単身出向き、特にイタリア国内の事例、懸案事項などを聞いて回った。

まず、宿泊税を導入しても観光客が減った事例は見当たらなかったことがわかった。またホテル側にどんな不満があるのかについても取材した。京都市が導入するなら、どういう仕組みが最適なのか整理を整理し、２０１７年（平成29年）９月、市議会に提案した。

私は東京や大阪のような一律課税ではなく、欧州のように5つ星制度を導入し、星の数によって課税するという、段階的課税を実施するべきだと主張した。星の数が多いホテルにはより多く課税するということだ。ホテルの格付けは海外観光客に歓迎され、宿泊先選びには大いに役に立つ。格付けがはっきりしていれば、オンシーズンに京都に泊まった観光客の「1泊2万円ならランクの高いホテルだと思って泊まったらひどかった！」といった不満も出にくいだろう。

ホテル側も星の数を維持するためにサービス向上に努めるだろう。しかも、格付け方式で徴収すれば、宿泊料金ごとに課税する方式に比べ納税額は3～4倍と試算される。

オンラインシステムを導入すれば現場の混乱も起きない。欧州にならい、ホテルの負担にならないように、ネット予約によるクレジットカード事前決済ではなく、支払いはチェックアウト時、現金のみにすればスムーズな導入が可能である点なども指摘した。

宿泊税は観光対策にのみ使え

宿泊税導入がうまくいくかどうかは、税収の「使いみち」による。私はこれについても進言した。

たとえばミラノの宿泊税は歓迎され、ローマの宿泊税は不満が多いのだが、それは集められたお金の使われ方に納得感があるかないかの違いである。ローマでは宿泊税収が多種多様なものに充てられているが、、ミラノでは全額が、代表的な観光名所である

「ドゥオーモ（大聖堂）の改修費用に充てられていた。

負担を求めるなら、誰にもわかりやすく、納得感のある仕組みづくりと運用が必要であることをさまざまな角度から提言をした。

京都市の宿泊税は２０１７年（平成29年）11月に議決され、２０１８年（平成30年）10月から導入された。

５つ星制の導入こそ見送られたが、段階的課税の実施というかたちで決着し、税収は京都市が当初試算していた3億～4億円のざっと10倍に上る43億円という大きな財源が確保された。

ところが、市民の観光客への不満は溜まるばかりだった。これは、税収後の使い道が分散されすぎ「何に使っているか見えない」形になってしまっている。

ちなみに２０１９年度（平成31年度）、宿泊税の使い道は、全36事業に配分されている。

・混雑緩和　３・２億円

・情報発信の強化　2・6億円
・バリアフリー化　2・9億円
・自転車走行環境整備　3200万円
・伝統産業の担い手育成　1億円
・京都駅八条口駅前広場運営　3200万円

おおよそ観光にはほど遠いこじつけに近い整備事業にまで配分されている。降ってわいたようなボーナス予算ぐらいにしか考えていないのではないか。これでは不満解消につながるはずもなく、とりわけ徴収業務を担うホテル・旅館からはすこぶる評判が悪い。せっかく市民の不満を少しでも緩和させるために、導入を牽引したとの自負がある私としては残念でならない。観光客の入洛が、直接的に市民生活にプラスに働くような使途へ早々に切り替えることが望まれる。

だからこそ、一点特化で交通インフラに観光税の財源を全額投入することが望ましい。最も多くの市民が感じているのは交通インフラに関してであり、改善されれば最も恩恵を実感できる分野だからだ。また、その際のポイントは市民に対しての「見える化」であるということも追記しておきたい。

京都のタブー「古都税」とは何だったのか

観光客からお金を徴収する仕組みが宿泊税だが、かつて京都には口にすることすらタブーとされる「古都税」（古都保存協力税）なるものが存在した。

古都税とは、文化財保護などの財源に充てるため、拝観料に1人50円（小中学生30円）を上乗せして徴収するという税で、年間10億円程度を見込んで1985年（昭和60年）からスタートしたが2年足らずで廃止に追い込まれている。古都税論争に関しては、それだけで一冊の本になってしまうほど根が深く、闇も深い。

そもそも、古都税の出発点は、時限的につくられた1956年（昭和31年）から1964年（昭和39年）までの文化観光施設税、1964年（昭和39年）から1969年（昭和44年）までの文化保護特別税に端を発している。文化観光施設税は、多目的ホールである京都会館（現ロームシアター京都）の建設費用捻出のための時限措置だったため、1964年（昭和39年）に文化保護特別税として実質的に延長した際、当時の市長は寺側と「二度と新設も延長もしない」との覚書を交わしていた。

しかし18年後の1982年（昭和57年）、京都市は突如文化観光税として古都税構想を発表した。京都仏教会は覚書きが反故にされたことに加え、信教の自由に反するなどとして猛反発した。ここまでならよくありそうな話なのだが、ここからが問題だった。

前代未聞、寺社仏閣の「ストライキ」

1983年（昭和58年）1月、臨時市議会は委員会審議なしに古都税条例案を可決。翌月、京都仏教会71カ寺が京都地裁へ条例無効確認訴訟を起こすが、市長の覚え書きは法的効力が及ばず、信教の自由の侵害には当たらないとして、市側が全面勝訴する。

1985年（昭和60年）、これに納得できない金閣寺、清水寺など主要寺院24カ寺は拝観停止の方針を決定し、実際に古都税が施行された7月10日から、18カ寺が一斉に拝観停止を開始した。拝観停止によって、観光客、修学旅行生は激減し、門前町を中心に市内はどんどんと疲弊していく。事態は決定事項を覆せない行政と、文化財と門前を人質に取った仏教会の消耗戦の様相を呈していった。

第三者の仲介を求める空気が充満し、財界、政界、裏社会入り乱れてつぎつぎと仲介者が現れては解決しないということをいたずらに繰り返していた。国会議員による斡旋も不調に終わり、仏教会側は「斡旋者会議と市側に密約がある」と内実を暴露するなど、事態は混迷を極めた。

この間、一時的に拝観停止が解かれたりもしたが、それも束の間、数カ月後には再び拝観停止。寺側は拝観を無料にしてみたり、観光業者が配った志納金袋を持参した客に限り拝観を認める「志納金方式」が導入されたり、はたまた仏教会を財団法人化させて拝観業務を代行する案が提案されるなどさまざまな動きが発生する。

その間、密約文書や密談テープが飛び交い、仏教会と市側の交渉役とも黒幕ともいわれた西山正彦なる不動産業者（当時三協西山社長）が登場、市民団体は市長のリコール運動を展開する。

さらに仏教会側の弁護士団は今川市長を公職選挙法違反の疑いで告発し、銀閣寺門前は五山の送り火「大文字」への協力を拒否するなど、問題はあちこちへ飛び火していった。

行政側は疲弊する門前町に対しての特別融資も行ったが、拝観停止が繰り返されれば返済そのものが覚束《おぼつか》ないということもあり、まったく問題解決には至らなかった。

そのうち仏教会も内紛へ発展、仏教会を離脱する寺も出始め、いよいよ両者とも抜き差しならぬ状況へ追い込まれ、世論の高まりに耐えきれなくなった１９８７年（昭和62年）、ついに古都税は廃止が可決されたのである。権謀術数渦巻いた古都税論争について、ここでは簡単な説明に留めるが、この古都税の本質と課題だけは記しておきたいと思う。

「古都税」よりも「古都基金」へ

古都税が残した傷跡は非常に大きい。文化財や門前町を人質に取るような一部寺社の戦略や、不鮮明な政治的駆け引きは、社寺、さらに宗教者への信頼を著しく失墜させ、いたずらに混乱を招いた上に、行政に対しても強い不信感だけが残った。拝観停止によって失われた観光収入は３５０億円、古都税で徴収できたのは見込み額の４分の１という惨憺《さんたん》たるものだった。

その後、京都市と仏教会の関係は長い冬の時代を迎えた。京都市の髙木壽一企画監（のちに副市長）が仏教会担当の特命として就任し、稲盛和夫氏（当時京都商工会議所会頭・京セラ創業者）に仲介を依頼して和解するまで、最悪の関係は20年以上にわたって続くことになる。

京都市民にとって古都税は思い出したくもない一大事件であり、後に残ったのは「袈《け》裟《さ》と白足袋（僧侶、茶人、老舗など、政治の裏に存在する権力者の象徴）には逆らうな」というイメージだけだった。

その上で、あえて書いておかねばならない。古都税は必要である。観光客が押し寄せるなか、観光客へのインフラを市民の税金だけで賄うことは公平性に欠ける。宿泊税で観光客に一定の負担はしてもらうことになったが、最も大きな観光の恩恵を受ける神社仏閣をその議論から除外するのはやはり間違っている。

　京都で、政治的に古都税の話をするのは長年タブーとされてきたが、そもそもこの事件は「今後二度と寺社から特別徴収をしない」という覚書を反故にしたというボタンの掛け違いから始まっている。古都税に対して激しく抵抗した仏教会だが、彼らは金を払うことを拒絶していたわけではない。もともとは行政に協力する姿勢を持っていた。最近、私は積極的に若手の宗教家たちにこの手の話を聞くようにしているが、彼らも観光客の増加で地元住民に迷惑をかけていることに心を痛めている。そして、その対策に一定の負担をすることも決してやぶさかではないと話す。ただ、拝観を宗教行為と捉えている観点から、古都税という税金の枠組みでやることにはやはり抵抗が大きいという。行政にとっては、税金であろうが、協力金であろうが、一定の歳入があり、観光インフラ整備が進むなら問題はないはずだ。むしろ税金という強制的な集金方法より、自主的な協力金方式の方が徴税コストもかからずよいではないか。そうした協力金を「古都基金」とでも名付けて基金化し、活用する方式なら可能性は十分あるように思う。その金で観光バスの駐車場新設など観光整備に使うというかたちにすれば一定の理解も得られるのではないか。タブー視することなく、こうした議論を積み重ねることが大切だと思う。

京の台所「錦市場」が消える

京都の中心部、四条河原町と四条烏丸を結ぶ四条通を1本北に上がると、錦市場がある。錦市場は地元の老舗料亭の板長さんや地元住民に愛され、400年間にわたり京の食文化を担い「京の台所」と呼ばれてきた場所である。大手漬物メーカー「西利《にしり》」もここで生まれた。正月支度の京都市民でごったがえす錦市場の年末風景は、京都の風物詩としてしばしばテレビでも放映されていたものだ。しかし、こうした風景はもはや見る影もない。観光スポットとなってしまった錦市場を、市民は敬遠するようになっている。ご近所さん向けの店がどんどんかたちを変え、観光客向けのお店ばかりが並ぶようになったからだ。

これも時代の流れでしかたがないと考える向きもある。料亭需要などの落ち込み、地元客の減少など、錦市場に限らず商店街は低調傾向で、年々寂《さび》れていっているのも事実だ。これは全国的な傾向である。

錦市場の場合は、低迷しつつあった地元住民向け市場が観光市場に変貌することによって蘇ったケースだとも言える。京都では、このように観光によって救われたケースも多い。

そんな錦市場で問題化しているのが、「食べ歩き問題」だ。店舗が観光客向けに思い思いに工夫し、縁日のように串に刺した商品など、その場で食べられる食材の提供を推し進め、それが人気にもなっているのだが、近隣住民は迷惑を被っている。

容器や串などのゴミの散乱、食べ物を手にして歩き回る観光客との接触による衣類の汚れ、ポイ捨て、混雑など、観光公害化は顕著だ。

千本鳥居で世界的にも有名になった伏見稲荷周辺でも同じようなことが起こっている。もともと正月を除けばそれほど観光客が多くなかった伏見稲荷はここ数年、SNSによる「映《は》える写真」の数々などの影響でどんどん観光客が増えている。住宅地と近接する神社の周辺には、観光客向けの店舗が増え始め、観光客による混雑、食べ歩きによるゴミの散乱が地元を悩ませるようになった。神社仏閣も柱が傷付けられたり、落書きされたりと大迷惑を被っている。

「旅の恥はかき捨て」などという言葉もあるが、とかく旅先では解放感に気が緩む。若者は大はしゃぎ。その気持ちはわからないでもないし、観光による恩恵もあるのだから多少のことならば地元も目をつぶれる。しかし、昨今の旅行は、いわゆる「名所観光」よりも「その街の文化や生活に触れること」に重きが置かれ始め、住民と旅行者の距離はどんどん近づいている。住民が生活する空間に旅行者が入り込むようになったということだ。

しかし、旅行者の非日常は住民の日常である。ゆえに衝突が起こるし、公害化が顕著になる。しかし、旅行者の解放感を否定することも、旅の興奮を抑えることもできない。だからこそ、この問題は難しいのだ。

観光公害とは、

①自然環境の悪化など環境の悪化

②地価や物価上昇などの経済の悪化

③騒音、混雑、モラルの低下、生活空間の侵害などによる地域社会の環境悪化

の3つに分けられるが、市民の不満が高まりやすいのが、目に見えやすい地域社会の悪化で、特に観光客による混雑とマナー違反は不満を高める原因になりやすい。

観光客のマナー向上はドバイに学ぼう

ちなみに、マナーの悪さは地元住民のみならず、観光客にとっても不快なもので、京都市が実施する観光客満足度調査の不満項目上位には「マナーの悪さ」が挙げられている。2018年度（平成30年度）では、訪れた日本人観光客の11％が「観光客のマナーの悪さ」を不満としている。

バルセロナでは、市内を水着のままで買い物する観光客についての報道がきっかけで、観光公害報道が過熱していった経過もある。市民の不満を払しょくする目線に立って考えれば、観光客自身のマナー向上、ルール順守は大きな課題なのである。

京都市も手をこまねいていたわけではない。「京都のトリセツ」と称して、外国人観

光客へのマナー啓発に乗りだした。「ＡＫＩＭＡＨＥＮ《あきまへん》」と書かれたパンフレットには、「無理やり舞妓さんの写真を撮ってはいけません」「路上喫煙禁止」「レストランのドタキャンダメ」など基本的なことが多言語とイラストで示され、市内宿泊施設や関西空港で配布している。もちろん電子データのウェブ掲載、ＳＮＳでの発信にも熱心に取り組んでいる。

英語版の「京都のトリセツ」。中国語版もあり

それでも減らぬマナー違反に困り果てた祇園町南側地区まちづくり協議会は、法的拘束力はないとしながらも抑止力に期待し、各国語併記で「私道でも撮影禁止、罰金1万円」の看板を掲げた。

鎌倉市の「食べ歩き自粛条例」、なども一定の効果があるようだが、未だ抜本的な対策は確立されていない。訪れた人にマナーを押し付けることはおもてなしの考えに反するという声もある。

しかし、観光客のマナー向上は市民との共存共栄を目指す上で、けっしてはずせない課題であることを考えれば、一定の規制はやむを得ないのではないだろうか。

私はこの課題に対して、ドバイの厳格なルール作りが役に立つと思っている。ドバイの住民の9割は世界中から出稼ぎにやってきた人たちで、国籍はもちろん、宗教から文化まで多種多様な人材が流れ込んでいる。彼らにはその土地の「常識」や「当たり前」が通用しない。そこで、ドバイが取った手段は徹底したルールづくりだ。通常、移民が増えると治安が悪化しがちだといわれるが、この国での滞在ルールは想像以上に厳しい。いくら世界の大富豪であろうとも、原則的に企業から籍を抜いた瞬間、国外追放になる。

仕事がない者は絶対に滞在させない。仕事がない者を滞在させておくと犯罪の温床になるからだ。秩序を守るために、マナーについても恐ろしいほど細かい規定がある。大変興味深いので、ドバイの地下鉄のルールを紹介しておこう。

・座席に足をのせる行為↓罰金３０００円
・車内での飲食（水を飲むことも含む）行為↓罰金３０００円
・車内への飛び乗り行為↓罰金３０００円
・ごみのポイ捨て、唾《つば》を吐くなど公共の清潔を損なう行為↓罰金６０００円
・運賃を払わずに乗車する行為（カードの残高不足、乗り過ごしを含む）↓罰金６０００円
・車内での睡眠↓罰金９０００円
・車内へのアルコール持ち込み↓罰金１万５０００円
・駅や車内で不必要に非常ベルを押す行為↓罰金６万円

電車内で水を飲んでも寝ても「罰金」で、「そこまで!?」と思うようなものもあるが、とにかく発生する可能性があるものは徹底して細かく規定している。当時、現地で聞か

されたのは、

「この国を訪れる人は文化も人種も違えば、価値観や常識も違う。我々にとっての常識が相手にとっての非常識だということもある。それを統一的に統治しようとすれば、ルール化するしかないのです」

確かに説得力があるな、と妙に納得したものだ。

「そこまでしなくても」と正直思うが、「そんな常識的なこと、言われなくてもわかる」という概念が通用しない以上、こうした規定も必要なのだとドバイでは思い知らされた。

ローマの通称「スペイン階段」は腰掛けるだけで約3万円、故意に汚せば約4万5000円の罰金、フィレンツエは市内一部の地域、時間帯に「家や店の前で立ち止まっての飲食」に最高約6万4000円の罰金を科した。

喫煙禁止エリアでの喫煙に対する罰金制度は、すでに世界中で導入されている。実際に罰金を徴収するかどうかは別として、確かに一定の抑止力が働いている。「シンガポールでは唾を吐いただけでも罰金だよ」というのは、旅行者の間では以前から広く知られたルールだ。常識を常識だと捉えず、明確なルール化を広く定着させることで、「京都はルールが厳しい」という概念を旅行者に定着させることができれば、一定の抑止力になることは間違いない。少し窮屈な気もするし、厳罰化で社会秩序を守らねばならないというのは為政上の下策だとは思いつつも推し進めていくことが必要ではないだろうか。

ゴミ箱は増やすべきか、撤去すべきか

私の自宅は世界遺産下鴨神社のそばなのだが、ある日、地元の方から「下鴨神社界隈のゴミ箱2基がなくなっているがどういうことか」という相談を受けた。

相談者は自宅から下鴨神社内を毎日1時間かけて、ゴミ拾いをしながら散歩しているという氏子総代を務める人だった。

あまり知られていないが、京都の街は住民が近所を掃除する「門掃《かどは》き」の習慣に加え、こうした市民の地道な努力によって清潔な街が維持されているのだ。

早々に観光政策局まち美化推進課に問い合わせたところ、「下鴨の2カ所については

地元の要請があって撤去しました」という回答だった。

観光客が増えるとゴミの散乱という問題が発生する。観光客は、手持ちの荷物を少しでも減らしたい。食べ歩きで出たゴミのみならず、飲み終えたペットボトル、先々で手に入れたチラシなど、ずっと持ち歩くのは大変億劫だ。できれば、不要なものは少しでも早く捨てたい。そこでゴミ箱を探すわけだが、なかなか見つからない。

観光都市ならゴミ箱の設置を増やしているのではと思われがちだが、行政設置のゴミ箱は年々減少傾向にある。

減らしている理由は、地元住民からの撤去要請だ。定期的に収集をしても、どうしてもゴミ箱が溢れてしまうことがある。ゴミ箱周辺にはゴミが散乱しがちで、隣接住民が撤去を希望し、撤去せざるを得ないという事情があるのだ。

児童公園の公衆トイレやバス停などと同じで、利用できる人は歓迎しても、隣接住民が反対するケースが多い。

バス停の設置も、以前なら近隣住民に歓迎されたが、今や観光客のポイ捨てが増える、騒がしいなどの理由で住民の不満の対象になるケースが増えている。観光客のニーズがあっても住民の嫌悪対象とされる限り、ゴミ箱を増やすのはとても難しい。

住民の反対を押し切ってゴミ箱を増やしても、街がきれいになるとは限らない。ヨーロッパなどでは街の至る所にゴミ箱が設置されているが、街にはタバコや空き缶のポイ捨てが横行し、お世辞にもきれいだとは言えない都市が多い。

もうひとつの問題は、家庭ゴミが公衆のゴミ箱に捨てられてしまうことだ。京都市は２００６年（平成18年）以降「家庭ごみ有料指定袋制度」を導入し、有償の袋に入れたもの以外の家庭ゴミは収集しない決まりになっているが、公共に設置されたゴミ箱が家庭ゴミでいっぱいになるというケースも増えた。同じことがコンビニが店の前に設置したゴミ箱でも起こり、コンビニの多くはゴミ箱を撤去している。家庭ゴミの「タダ捨て」をする人に対して、一般市民からの不満も出ている。

京都市では地元と相談しながら、観光シーズンだけ設置するケースや地元了解のもとに常設するケース、また撤去するケースなどケースバイケースで対応している。

しかし、観光客にとって一定数のゴミ箱の設置は、利便性から必要だと思う。

問題解決策のひとつとして評価に値するのは、清水寺門前商店街の取り組みだ。清水寺門前から出るゴミは、京都市管理のゴミ箱にどんどん捨てられていくのだが、ゴミ箱の管理は商店街が行い、いっぱいになると商店街が自ら用意したゴミ置きヤードへゴミが移され、これを行政がをまとめて収集するという方法だ。行政と商店街がタッグを組んで「ゴミ箱溢れ問題」に取り組む事例である。

だが、こうした取り組みができているところは京都でも稀有で、捨てる場所を探し、ゴミを持ったまま右往左往する観光客は、まだまだ市内に溢れている。特に観光シーズンはわずか1~2時間でゴミ箱が満杯になるケースも多く、行政の収集だけではとても追いつかない。課題は山積だが、官民一体となった取り組みが強く望まれる分野である。

そしてもうひとつ、即効性が考えられるのは、テイクアウト系の飲食物を販売する店舗には容器回収箱（ゴミ箱）の据え付けを義務化し、廃棄物排出責任者としての届け出、認証を制度化することだ。すでに自動販売機では設置時に空き缶回収箱の据え付け義務があり、空き缶ゴミの排出に一役買っている。ゴミの回収量が数倍に膨れている今こそ制度を整備することが望ましい。

第6章

観光の未来と京都

京都の観光客は増えるのか減るのか

今後観光客の数がどう推移していくかは、観光政策を考える上で非常に重要なファクターになってくる。ここでは京都市の課題や目標等のみならず、日本全体の状況について冷静に整理をしておきたい。世間では、日本の景気は「2020年（令和2年）東京オリンピックまではなんとか大丈夫そうだが、その後は雲行きが怪しい」とも「2025年（令和7年）までは大丈夫だろう」などと言われる。

確かに、東京五輪の開催は大規模なインフラ整備を伴い、大きな景気浮揚のチャンスにもなる。大阪万博も大きな経済効果を生むだろう。「2020年（令和2年）東京オリンピック、5年後に大阪万博」の計画は、「1964年（昭和39年）東京五輪、6年後に大阪万博」と、ほぼ同じ構図の再来であり、当時これが高度経済成長に与えた影響は大きく、期待値は高い。しかし、観光客数については少し冷静に見守っていかねばならない。

節目となる2020年（令和2年）と2025年（令和7年）に過去最高の外国人観

光客が入洛することは間違いないが、逆に、東京オリンピックの際、国内観光客は首都圏に集中し、京都への観光客は減少することが予想される。大阪万博では、京都市も隣接都市として間違いなく恩恵にあずかることができるだろうが（できれば大阪万博は京阪神でさまざまな役割分担をすべきだと思っているが）、単年に留まることから、あまり今後の分析においては重視しすぎない方がいい。

では、京都の観光客はどう推移するのだろうか。

まず、外国人観光客についてだが、ずばり増え続ける可能性が高い。まず注目すべきは、世界的に経済的豊かさが行き渡り海外旅行者全体が爆発的に増えているという点だ。2012年（平成24年）まで1000万人を下回っていた訪日外国人はたった6年で3000万人を突破した。これは国交省が中心になって行っている「ビジット・ジャパン・キャンペーン」が功を奏していることもあるが、それ以上に、世界的に海外旅行者そのものが爆発的に増えたことが大きな理由だ。UNWTO（国連世界観光機関）は2010年（平成22年）、「年間海外旅行者は2020年（令和2年）には14億人に達する」と予測したが、その数値を2年前倒しで達成したほどのスピードである。

しかも日本は、欧米に比べて経済成長率の高いアジア諸国に近接していることから、その恩恵は非常に大きいものがある。旅行は、昔から「安・近・短」だといわれる。費用が安く、距離が近く、短期で行ける旅行が好まれる。旅行が成熟化してきた昨今、「安・近・短は古い」という声もあるが、日本人が気軽にアジア諸国へ旅する以上に、アジアから日本を訪れる旅行者は今後も増え続けるだろう。

京都市観光協会によると2018年（平成30年）、京都市を訪れた外国人観光客の内訳は28％が中国から、台湾14％、アメリカ13％、韓国5％、さらにオーストラリア、香港などと続いている。日本は中国に対し、2010年（平成22年）からビザ発給条件の緩和を段階的に進めており、そのかいあって2015年（平成27年）、2017年（平成29年）、2019（令和元年）のビザ発給条件緩和のたび、中国人旅行者が大挙して日本を訪れるようになった。ちなみに2018年（平成30年）の中国からの渡航先1位はタイだが、これはタイが「アライバルビザ」（事前申請不要で、現地空港でビザが取得できる）の対象国になっている点が大きい。ビザ発給の緩和は今後も進むとみられ、京都が望むと望まざるとにかかわらず、国は外国人の訪日を積極的に促していくだろう。

訪日観光客、特に中国人旅行者は増え続けるとみるのが妥当である。

中国人観光客は2倍に増える

では、どれくらい増えるのか。各国の統計に基づいた日本政策投資銀行の分析によれば、2016年（平成28年）、韓国人は人口の41％、台湾人は人口の57％が海外旅行へ出かけているのに対して、中国人は13億8000万人の人口の9・8％にとどまっている。人数にして1億3500万人、その4・7％にあたる640万人が日本を訪れている。人数だけ見れば多いが、中国人はまだ200人に1人も日本へ来ていないということになる。

日本政策投資銀行は「中国の農村部は所得が低く交通アクセスも悪いため海外旅行者数は伸びない」と分析する一方で、中国の都市部では中長期的に見て人口に占める海外旅行者数は日本並みの13・5％になると予想され、全国平均でみても現在の4％から9・5％まで上昇すると予測している。それに合わせて、中国人の訪日旅行者数は1500

2018年の京都市外国人宿泊客実人数

順位	国・地域	宿泊数
1位	中国	117万1000人
2位	台湾	66万人
3位	アメリカ	43万3000人
4位	韓国	30万1000人
5位	オーストラリア	21万人
6位	香港	18万3000人
7位	フランス	16万2000人
8位	イタリア	12万7000人
9位	イギリス	12万3000人
10位	シンガポール	9万8000人

※京都市産業観光局観光総合調査より

万人に到達する可能性を示唆している。

これを見る限り、現在の訪日中国人数は将来的に現在の2倍以上に膨れ上がる可能性がある。それに伴って、京都でも中国人宿泊客数は２０１８年（平成30年）の１１７万人から２００万人程度になる可能性は高い。さらに、台湾や韓国、香港は一段落した感があるが、近年急成長を遂げているＡＳＥＡＮ諸国からの入洛も今後増え続けることは容易に想像ができる。

ＪＮＴＯ（日本政府観光局）の統計データを見ると一目瞭然だが、訪日観光客数は２０１４年（平成26年）から5年間で軒並み2〜3倍に増加している。タイは59万人から106万人、インドネシアは12万人から33万人、ベトナムは4万人から13万人、マレーシアは21万人から42万人という伸びである。

アジア諸国は経済成長が著しいだけでなく、各国の人口はタイ6900万人、ベトナム9500万人、インドネシア2億6000万人、マレーシア3200万人とパイも大きい。特に関西は関西国際空港の拡張工事に伴い、さらなる路線増が見込まれることが確実視されており、アジアからの観光客増加に拍車を掛けるだろう。

政府の外国人観光客来日目標は2020年（令和2年）に4000万人、2030年（令和12年）に6000万人。現在京都における外国人宿泊客総数は450万人だが、今後10年で700万人程度にまで膨れ上がることが予想される。

日本人観光客は京都を敬遠し始めている

外国人観光客が増える一方で、国内から京都を訪れる日本人観光客は減っている。日本人の国内観光はすでに成熟期を迎えており今後急増するとは考えにくい。2015年（平成27）年まで、日本人の京都観光客数は順調な伸びを見せたが、5202万人をピークに2016年（平成28年）4861万人、2017年（平成29年）4619万人、2018年（平成30年）4470万人と大幅な減少が続いている。やがて4000万人を切るだろう。すでに日本人は「京都観光」を敬遠し始めていると考えられる。

行政側が、観光客に対するインフラ整備などの課題解決を実行できるか、また新たな誘客対策をどう打ち出すかにかかっているが、少なくとも現状で大幅に増加することは考えにくい。むしろ、自治体間の国内観光競争は激化の一途で、国全体で観光の分散化が進むとみるべきだ。そう考えると、昨今の「京都敬遠ムード」を払しょくしてもここ数年の減少を取り戻して微増、敬遠ムードが拡大すれば減少する可能性も否めない。

観光業界が現在最も注目しているMICEの動向についても見直してみたい。

国際会議などの誘致について、京都市は古都の魅力と、大型ホテルや会議場などが一定数は整備されているという優位性もあり、これまでは誘致実績を着実に伸ばしてきた。ホテルの収容人員だけ見れば十分国際会議の開催にも対応できる部屋数になったが、正直なところ今後の展開はかなり厳しい。ポイントは国際会議を行うための施設不足（収容人数の不足）とIR（統合型リゾート）がないという点だ。国立京都国際会館の収容人数は2500人で、国際競争力に乏しく、最低3500〜5000人規模といわれる大型の国際会議誘致は難しい。これまで中規模程度の国際会議誘致には成功しているが、大型の国際会議は、候補地には挙がっても結局スペース不足で実現しない例も多い。

せめて「パシフィコ横浜」や「東京国際フォーラム」のように収容人数5000人規模の国際会館に改修できれば展望も開けるが、現状では難しい。

最近のMICEの開催地といえば、シンガポールの「マリーナベイ・サンズ」や、韓国・仁川の「パラダイスゴールデンゲート」などが代表格に挙げられるが、IR（統合型リゾート）ベースが人気だ。IRというとカジノのイメージが強いが、IRはMICEの最終兵器と言われるほどに集客力が強く、京都市がIR誘致競争に参戦しなかったことはMICE誘致の観点からみればかなり痛い。それを裏付けるように、IR候補地に内定した大阪ではIR+5000人規模の会議場の構想が進んでいる。京都はこれまで通り、一般拝観後の寺社を貸し切る小型のイベントや、中規模程度の学会等を中心とした誘致活動は続けるだろうが、観光客増に大きく貢献することは容易ではない。

こうした要因をトータルすると、風評被害、天変地異、経済情勢の悪化など不安定要素によって一時的な落ち込みがある可能性もあるが、長期的なトレンドとして考えた場合、京都への入洛客は外国人が下支えして、ピークである2015年（平成27年）の5684万人から、2018年（平成30年）の5275万人（日帰りを含む）のレンジで現状維持、というのが妥当な見方ではないだろうか。

上昇要素として、大阪万博に向けた関西方面への旅行者増加による恩恵、想定以上の外国人観光客訪日の可能性、敬遠されている京都へのリピーターの回帰（京都市の強みは5回以上の来訪者が8割を超えるという特異性）などが組み合わされば6000万人を突破する可能性も見えてくる。ただし、繰り返しになるが今のまま6000万人を突破すると、いよいよ収拾がつかなくなる恐れが強い。

今後日本中で外国人観光客は増えるものの、取り組み次第で地域ごとに旅行者数の勝ち負けがはっきりしてくるということだけは間違いないだろう。

観光産業は「風評産業」

日本は２００３年（平成15年）に観光振興を本格化させて以来、目標をつぎつぎと達成し、現在インバウンド４０００万人に向け爆走中というところだ。

京都はその最先端にあってとりわけ観光に活路を見出そうという動きが加速している。人口減少に伴い定住人口が減少するなか、観光客を中心とした交流人口を増やすことで都市の活力を保ちたいという思いが強い。「定住人口１に対して交流人口10」というのが京都市のロジックで、10人の観光客が来れば１人の定住人口と同じだけの消費が生まれるので、人口が１人減っても観光客が10人来れば経済は縮小しないという考えだ。しかし、業界では常識中の常識だが、観光産業は安定した産業ではないということを改めて考えておかねばならない。

京都の観光客数は平成に入り右肩上がりの増加を続けているが、実は３度にわたり大幅な減少を経験している。最初は１９９５年（平成７年）の阪神淡路大震災、２度目は２００９年（平成21年）京都で新型インフルエンザが発生したことと、２００８年（平成20年）9月からのリーマンショックによる世界的景気低迷、3度目は2011年（平成23年）の東日本大震災だ。

2008年（平成20年）には初めて観光客5021万人を達成し、宿泊客も過去最高の1306万人を記録したが、翌年、観光客は4690万人へと331万人減、宿泊客は1231万人と75万人減となった。その翌年には再び1300万人台に戻したが、翌々年の東日本大震災でインバウンドが大幅に下振れして宿泊客は1087万人と200万人以上減少した。せいぜい1割程度かと思うかもしれないが、企業の売り上げが1割減ることのインパクトを考えれば、観光客1割減が京都にとってどれほど大変なことかわかっていただけると思う。ホテルはもちろん、リネン業者、飲食店、土産物製造業者に至るまで、すべての観光産業は大きな打撃を受ける。

観光産業というのはつまるところ「風評産業」である。SNSで魅力的な評判が拡散されれば山のように人が押し寄せるが、マイナスの風評が立てばその被害をもろに受ける。人気商売に近いのだ。

都市の産業構造を考えたとき、観光への過度な依存はリスクが大変高い。

京都の観光寺院が軒並み拝観を停止した「古都税騒動」でも観光客は激減、観光業界はその窮状を京都市に訴え、「なんとかしてくれ」と詰め寄った。結局その圧力に耐えきれず、前代未聞の条例撤回に至ったのは前述の通りだが、一部の寺院が閉門するだけで、京都市の観光産業はたちどころに立ち行かなくなる。

日本人観光客の激減も、京都の大きな悩みの種だ。実は今、土産物関連の事業者が悲鳴を上げている。

外国人観光客に「八ツ橋」は売れない

現在、減少する日本人観光客を外国人観光客が「穴埋め」している状態だが、土産物業界ではこの「穴埋め」ができていない。

外国人観光客は日本人観光客に比べ、土産物を買わないからだ。特に漬物や和菓子などは外国人にあまり売れず、日本人観光客の減少はもろに売り上げに反映される。

京都の代表的銘菓八ツ橋のメーカーからも嘆きの声が聞こえる。

「北海道では『白い恋人』が日本を代表するお土産として外国人観光客にも爆発的に売れてますが、あれはほんまに一部です。外国の方はそないに八ツ橋をお買いにはなりません。和菓子業界で外国人観光客のおかげで潤った、という話は聞きません。和菓子というのは、やっぱり日本人に愛されているお菓子なんだとつくづく思います」

チョコレートを主としたお土産物は、全世界で売れているが、これは例外的なものだ。ただ、菓子メーカーなら商品のラインナップの工夫もできるだろうが、漬物となると、いくら工夫しても外国人向けのヒット作を生み出すのはかなり難しい。

欧米人は比較的、伝統工芸品を買い求める傾向があるが、増加しているアジア圏の旅行者はこうしたものをあまり買わない。長年欧米人をターゲットに伝統工芸品を販売する「京都ハンディクラフトセンター」でも客単価は低く、売れ筋も写真集などが中心といい、いわゆる「爆買い」も政策転換が図られたとたん、あっという間に姿を消したのを見てもわかる通りだ。

中国、韓国という「微妙な距離感の隣国」が、我が国のインバウンドの主力であることも頭に入れておかねばならない。

京都は製造業の街

　観光産業にはこうした難しさ、不安定さがある。しかし、観光に依存するしか市民の食い扶持を確保できない都市があることも事実だ。それでも行政は、観光一辺倒から脱却する方法論を議論し、海外の政策転換や風評被害にも備える必要がある。

　ほとんどの人は「京都は観光の街」と感じているだろうが、実は、京都市の産業構造に占める観光の割合は約10％程度と推計されている。

　国全体では5％だから、観光業が大きなウエイトを占めていることは確かだが、京都市は観光産業以外に主たる産業を持たないハワイや沖縄といった観光地とは産業構造がまったく違う。京都市の経済の主力は、製造業であり、サービス業であり、不動産業だ。

　大都市の場合、どこもサービス業が主力産業のひとつになるが、京都市は古くから製造業の街であった。京都大学をはじめとする大学等の研究機関が充実しており、古くからの伝統産業が技術革新を繰り返して今日の製造業の柱を構築している。清水焼の粘土からセラミック技術を確立した京セラ、花札、トランプからファミリーコンピューターを開発した任天堂、西陣織の織機製造から医療機器メーカに発展した島津製作所、さらにそこから分家したバッテリーメーカーのGSユアサ、村田機械も西陣ジャカード機製作所からの出発で、計量器のイシダも100年以上前から秤を作っていた会社だし、月桂冠で有名な大倉酒造や缶チューハイの宝酒造なども京都の酒蔵だ。

他にも日本電産、ローム、村田製作所、堀場製作所、日本新薬、オムロン、大日本スクリーン、ワコールと挙げればきりがないほど優秀な製造業がある。

100年以上続く老舗企業も1000社を超える。

もうひとつの特徴は、大学が多く下宿生が他都市に比べ非常に多いことから不動産業（不動産オーナー含む）の比率が高いことだ。大学が果たしている役割は非常に大きく、観光の陰に隠れているものの「大学の街・京都」もまた、もうひとつの顔である。京都は観光・文化一辺倒から、その他の経済活動が十分に機能するように政策的にもシフトしていかねばならない。幸い、京都財界は行政の支援なしに利益を上げ成長を続けているが、この街にはもっと豊かになれるポテンシャルがある。前述したように、ホテル建設からオフィス確保へのハード面整備はもちろん、研究機関の充実、起業家を育成するためのスタートアップ支援、高度人材の囲い込みなどを進めることで、バランスの取れた都市経営が可能になるはずだ。

観光は基幹産業のひとつとして大切に育んでいかねばならず、まだ観光客を増やせる余地もあるが、決して観光一辺倒になってはならない。

「三方よし」の観光政策とは

ここまで京都市の観光について、民泊、ホテル、交通インフラを中心に書いてきたが、あえてここまでの政策に成績を付けるなら

・民泊対策は一部課題はあるものの合格点
・ホテルについては一部合格、一部不合格
・交通インフラはずっと不合格

といったところだろうか。

行政にはスピード感が必要だが、観光政策はよりスピーディーな対応が求められる。

ネットの普及によって、通常では考えられない事態が頻発するようになっている。SNSでの情報拡散によって観光客の局所集中があちこちで発生しているが、それが一過性のものなのか新たなトレンドなのかははっきりしない。伏見稲荷も千本鳥居の「インスタ映え」をきっかけに、突如「世界一行きたい観光地」に躍り出た。さらにアニメの「聖地」にもなり、しばらくは伏見稲荷に閑古鳥が鳴くことはないだろうが、こうした特殊な事例を除き、どこも今後の予測を立てるのは非常に難しい。そもそもSNSによって1枚の写真が世界中に拡散され爆発的なリアクションが起きるというムーブメント自体が、継続的なものなのかどうかさえ読み切れないのだ。

ブームの実態と、その将来の見通しを的確に見極めて投資判断を行うのは至難の業だ。観光地によっては、押し寄せる観光客の対策として周辺のインフラ整備に取りかかったもの、着工と同時に客足が遠のき、何のために投資したのかわからないという不幸な事態も頻繁に起きている。

アメリカの旅行雑誌『トラベル・アンド・レジャー』の人気都市ランキングを見ても、旅行者の関心は移ろいやすく、あっという間にランキングから外れる都市が多い。京都市は2014年（平成26年）、2015年（平成27年）と1位だったが、2019年（令和元年）は8位である。ちなみにこの年の1位はベトナムのホイアン、2位はメキシコのサン・ミゲル・デ・アジェンデ、3位はタイのチェンマイ。東京は7位だった。

京都が観光地として大変高いポテンシャルを持っていることは間違いない事実であり、トレンドから考えれば条件次第で7000万〜8000万人の観光客を受け入れることは十分可能だ。

しかし、そういう今だからこそ、伸ばし続けてきた誘客活動をいったんストップさせ、すべてを再点検し、課題を整理し、その問題解決にあたる時期に来ている。

UNWTO（世界観光機関）は、持続可能な観光の要件として3点を挙げている。

①自然遺産、生態系を維持しつつ、環境資源を適正活用すること
②文化の相互理解
③すべてのステークホルダーに社会的経済的利益をもたらすこと

今、京都で問題になっているのは、3番目の課題が解決していない点である。特に懸念されるのは、バルセロナのように市民が観光客に対し排斥運動を起こすような可能性

だ。「すべてのステークホルダー」とあるが、私は次の三者の利害が一致しなければならないと思っている。

まず最初のステークホルダーである観光客が「来てよかった」と実感できること。貴重な体験ができ、地元民の親切心に触れ、アクセスや言語対応などを含めて便利で安心して旅行が楽しめたという満足をしっかりと提供できるかどうかだ。

現在、観光政策の主軸はここに重きが置かれている。京都市の場合、混雑に対する敬遠ムードはあるものの、観光客は比較的満足していると見てよいだろう。

2つめのステークホルダーは住民だ。住民が観光客に対して心から「来てくれてありがとう」と感じられるかどうかである。今ここが一番遅れている。市民としての誇りを持つこと、また観光客との交流はそれなりにできているが、住民が日常的に生活する上での利便性や快適性、経済的利益については決して十分に満足のいくものではない。

市民にとっての経済的利益が発生する仕組みをつくれるかどうか、は大きな課題だ。若者の失業率が高い沖縄などでは観光産業によって雇用が創出されるだけで大きな貢献となるのだろうが、働き手が不足している京都のような都会では、雇用創出だけでは十分とは言えない。むしろ、パート労働者が担うケースが多い観光産業は、所得の向上につながらないという見方のほうが大きい。客単価の向上や富裕層への積極的な取り組みが成果につながる一面もあるが、観光単体での所得向上には限界があるだろう。むしろ私は、観光による都市格の向上を利用し、高度な人材を受け入れる経済構造へ転換するほうが所得の向上には効果的だと思う。

しかし、まずは目に見えるインフラ整備などの社会サービスや、観光税の還元などの直接的恩恵によって住民の理解を深め、満足度を上げることから手を付けることが望ましい。観光客が増えたおかげで電柱の地中化が進んだり、周辺インフラが整備されるケースは京都でも多いのだが、なかなか「恩恵の実感」につながっていないのだ。

そして最後のステークホルダーは都市（社会）である。

観光産業が繁栄することによって、街への憧れやブランド力が上がり都市格が上がる。ブランド力の向上は「こんなところに住んでみたい」という定住促進の入り口にもなるし、「こんなところで働いてみたい」という企業誘致の入り口にもなる。京都というブランド力が上がれば上がるほど、「京都発」「京都産」というさまざまな経済的分野で貢献できる。すでに、京都という冠の付いた商品が日本中を席巻している。それが都市として直接的な経済的利益（税収）のアップにもつながるのだ。

観光客、住民、都市という三者の利害の一致、つまり近江商人がいう「三方よし」の観光戦略があって初めて、京都市は再び観光客誘致に乗り出せると確信している。

第7章　迷走と混乱の観光政策

京都の都市計画の変遷

７９４年（延暦13年）、風水説に基づく四神相応の地にして、三方を山に囲まれ守りに最適な京都・平安京に、桓武天皇が遷都して１２００年余り、京都は悠久の歴史を紡いできた。

平安京は南北５・２キロ、東西４・５キロ、平安宮を中心に右京と左京という２つの都からなり、街区は条坊制と呼ばれる碁盤の目状に区画され、当時の骨格が今日まで続いている。鎌倉以降、室町時代を除いて政治的首都としての機能は持たなかったが、京都は公家と商人、社寺を中心に商工都市として、また朝廷のある都としての機能を軸に発展を遂げてきた。１４６７年（応仁元年）の応仁の乱で一度は焦土と化すものの、織田信長、豊臣秀吉らが中心となって室町期に造られた街並みが再興され、今も景観の原点となっている。

京都の景観政策に、朱色や紫といった平安京らしい優美な色合いが加味されず、白や灰色を中心にした配色が基本になっているのは、応仁の乱以降に再興された武家社会の街並みがベースになっているからだ。

明治に突入し、遷都で大幅な人口減少を経験するなか、1900年（明治33年）、初代京都市長・内貴《ないき》甚三郎《じんざぶろう》は「東は風致保存が必要」「名所旧跡の保存は京都にとって決して放棄してはならない」という都市構想を示した。

京都は古くから景観を意識した都市計画を持つ数少ない都市のひとつである。しかし、古都の景観政策も資本主義経済の発展とともに、大正期以降は規制と緩和を繰り返し始めるのである。

「古都保存」と「快適な暮らし」の両立

京都の景観について市民の関心は強く、これまで幾度となく論争が巻き起こされてきた。

1929年（昭和4年）、昭和天皇の御大礼を機に建設された平安神宮の大鳥居（24メートル）については住民による反対運動が巻き起こり、1960年代には京都タワー

（131メートル）建設の反対運動が展開された第1次景観論争が起きた。90年代に入ってからは市の活性化を目的とした規制緩和によって「京都駅ビル」（59・8メートル）、「京都ホテルおいけ本館」（60メートル）の建築が許可されたことに市民が猛反発した第2次景観論争など、いずれも市民を巻き込んだ大論争の結果に建設されている。

京都市は全国に先駆け、さまざまな景観政策を打ち出してきた。1930年（昭和5年）の風致地区指定に始まり、1956年（昭和31年）には早々に屋外広告物条例で屋外広告物の規制に着手、1966年（昭和41年）に古都保存法が制定、1970年（昭和45年）に建築基準法が改正され、31メートルの高さ制限が廃止される中、風致地区条例が制定され、1972年（昭和47年）には市街地景観条例で美観地区や特別保全修景地区等の指定を進めた。1976年（昭和51年）には前年に改正された文化財保護法（伝統的建造物群保存地区制度が創設）を受け、伝統的建造物群保存地区条例を制定するなど、高度経済成長期の中にあっても一定の規制を加えてきた。バブル期、再び都市としての成長が期待され緩和が進むが、1995年（平成7年）の自然風景保全条例、市街地景観整備条例、1996年（平成8年）の景観規制、高さ規制の強化、1997年（平成9年）

には財団法人京都市景観まちづくりセンターを設立するなど、再び規制へと舵を切る。

その後も２０００年（平成12年）京町家再生プラン策定、２００２年（平成14年）伝統的景観保全に係る防火上の措置に関する条例、２００７年（平成19年）新景観政策を実施、２０１２年（平成24年）屋外広告物対策の強化、２０１７年（平成29年）京町家の保全及び継承に関する条例制定など、主なものを列挙しただけでこれだけある。

これらの条例に基づき、京都市民はさまざまな規制に縛られながら家を建ててきた。その苦労は他都市とは比べ物にならないものがあり、複雑化したルールは、しばしば指導する側の職員すら混乱をきたすほどであるが、それでも京都市民はそれを受け入れ、「景観保存の必要性と快適な暮らし」という、多くの場合に矛盾するテーマを呑み込んで暮らし続けている。

国から予算を引っ張るための景観政策

２００７年（平成19年）、京都では新たな景観論争が巻き起こった。

それまで高度経済成長からバブル期へと長らく続いた緩和政策によって、京町家は7年間で14％消失し、京都らしい街並みがどんどん消失し始めていた。こうした事象を「しのびよる破壊（クリーピング・ディストラクション）」と呼び、しのびよる破壊に対する危機感から、京都市の大胆な新景観政策が登場した。これが公に言われている新景観政策の「表」のテーマだ。

実はこの新景観政策には「裏」テーマが存在する。それは当時、並行して進められていた「国家戦略としての京都創生」だったことはあまり知られていない。

京都創生とは、2003年（平成15年）に有識者により設置された京都創生懇談会がまとめた答申「国家戦略としての京都創生の提言」をベースに、翌年国への要望として「歴史都市京都創生案」が提出されたことに始まる。これは、

①景観　京都らしく美しい景観の保全、再生、創造
②文化　永年の歴史に育まれてきた文化の継承と創造
③観光　京都の都市資源を活かした魅力の創造と発信

という3つの柱から成り立ち、これらを実現するための国への提案・要望が前提とな

って作られた京都市の戦略のひとつだ。平たく言えば、「京都の財産は日本人共通の財産なのだから、国が予算を出すべきだ」というものだ。国への要望活動、予算獲得は自治体の大きな仕事のひとつだが、なかでもこれはその目玉政策と言っていい。しかしこの予算要望は、要するに「京都だけを特別扱いしてほしいという」趣旨で、かなり難易度の高いものだった。国としてもそう簡単には認められない。国が京都創生に予算を出すとなれば「大義名分」が必要になる。そのために、国が強く京都に求めたのは、「明確に他都市とは違う取り組み」であった。

政策の目玉となったのが「新景観政策」だった。

こうした経緯のなか、翌2005年（平成17年）7月に「時を超え光り輝く京都の景観づくり審議会」が誕生、1年以上の議論を経て2006年（平成18年）11月新景観政策の骨子になる最終答申が出された。

ただ一方で、審議会の最終答申の結びには「京都の景観の変容が進行する中で、将来を見据えた景観政策の展開は、喫緊の課題であり、まさに『時間との勝負』である。そのため速やかな取組を求めるものである」という一文が添えられており、とにかく景観の破壊をいったんストップをさせようという思いが強く働いたのも事実だ。

しかし、「とにかくいったんストップだ」という急ブレーキは大きな波紋を呼び、後に例外措置の乱発で不評を買う結果にもつながっていた。

難産の末に生まれた新景観政策

2007年（平成19年）の新景観政策は主に3つの柱から成り立っている。

1つめは建物の高さ規制だ。高さの上限は、幹線道路沿いは45メートルから31メートルへ、その内側については31メートルから15メートルへ、また三山の山裾部の幹線道路は20メートルから15メートルへ、その内縁部の生活幹線道路は15メートルから12メートルへと、市街地の約3割のエリアで低く抑えられた。

2つめは京都らしい街並みの形成に向けてのデザイン規制だ。京都市内の美観地区を8類型60地区に分類し、けばけばしい色彩を排除した。屋外広告物はその面積や色彩を規制し、建築物も原色を抑えくすんだ色をベースに、美観地区ではこう配屋根を義務付

四条河原町交差点付近。上は規制前、下は規制後

け、屋根材には瓦や風情のある金属板を求めた。

そして3つめは、世界遺産に登録された14社寺を含む38カ所を「視点場」として指定して「眺望景観」という概念を導入し、特にこの地点からの眺望、借景を保全するというものだ。たとえば、鴨川から大文字を眺めた時、人の目線と大文字を一直線に結んだ線上に建築物が重なる場合は重なる部分を除去するか、高さを抑えるか、形状を変えねばならない。

高さ規制については反発も多く、地権者は財産権の侵害だとして怒りを露わにした。これまでに建設されたマンションの多くが「既存不適格」となり、マンション住民が1000人規模の集会を開くなど、市民の不安と不満が連日報じられた。

新聞には不動産関係団体や市民団体による意見広告が掲載され、「京都市長や市議会議員に訴えましょう」という広告キャンペーンも張られた。新聞でも絶え間なく景観問題が報道された。一方で、財界や仏教会、祇園町南側地区協議会などからは賛成が表明され、まさに京都市を二分する論争へと発展していくのだった。

統一地方選挙を控えた2月に議案が上程されたこともあり、我々市議会議員のもとには毎日のように抗議の電話、メール、ファックスが押し寄せた。共産党を除くすべての党から慎重論、時期尚早論が出された。総論賛成各論反対の嵐である。それでも京都市は不退転の決意で修正を最低限に留め、景観関係6条例は最終的に全会一致で可決された。

当時私は景観とは所管の違う委員会にいたため、議論にこそ参加できずにいたが、議会の空気が張りつめていたことは鮮明に覚えている。

それまで京都の都市景観は時代の要請に応じて規制、緩和、規制、緩和を繰り返し、中途半端に形成されてきた。だからこそ京都市は「今度こそは首尾一貫し、100年後の街並みを」という強い決意を持って、この新景観政策を成立させた「はず」だった。条例成立の先頭に立った、毛利信二京都市副市長（当時、国土交通省から出向中）はこの成果を高く評価され、国交省の不動産業課長へ栄転、審議官、局長を経て事務次官にまで上り詰めた。

しかし、難産の末生まれた新景観政策は程なくして、迷走を始めるのであった。

繰り返された特例措置と迷走

新景観条例が成立して1年後の2008年（平成20年）1月、早くも高さ制限の特例第1号が登場した。任天堂社長・山内溥氏の多額の寄付によって建設されることが決まった京都大学附属病院の新病棟「積貞棟」である。条例では高さ規制20メートルのところ、京都市は「景観誘導型許可制度」を使い、31メートルを認めると決定したのだ。この制度は、新景観政策の例外措置として、「優れた形態や意匠、良好な沿道景観に資する建物、学校病院など公益上必要な建物」などに限り、高さ制限を超えて建物を建設できるとしている。認定にあたり、京都弁護士会や市民団体からは異論が相次いだが、京都市は粛々と推し進め、完成記念式典では門川大作京都市長自らがテープカットに臨んだ。

さらに2012年（平成24年）、15メートル規制地域に立つ京都会館第1ホールの改修は31メートルを認め、同時に既存不適格物件とされていた周囲の4施設についても規制を緩和して適合物件に変更している。京都国立近代美術館（24メートル）、京都市美術館（22メートル）は上限25メートルまで、「みやこめっせ」（20メートル）、京都府立図書館（20メートル）も上限を20メートルとした。

さらに同年、島津製作所の三条工場については20メートル規制を31メートルまで緩和し、同志社女子大学の新校舎では15メートル規制をを18メートルに、京都市立芸術大学移転計画予定地では20メートル規制を31メートルにと、つぎつぎと特例措置を乱発した。

公共施設や一部の大企業だけは例外という措置は「ご都合主義」と揶揄され、不評を買った。ルールは厳格に守られて初めて意味がある。例外を認めはじめると、それに従わねばならない者が不満を抱くのは昔から不変の真理だ。為政者の都合で例外が認められれば、政治体としての信頼も低下する。

確かに京都市側の言い分もわからなくはない。規制が厳しすぎるせいで企業が京都から出ていってしまったらどうするのかという危惧も、限られた公共用地に市民に喜ばれる施設をつくりたいのもわかる。しかし、そんなことは景観条例をつくる前からわかっていたことだ。景観条例の制定前から、厳しい景観規制によって企業が市内から流出することは議会でも懸念されていた。公共建築物がこれまで通り建てられなくなることも、指摘されていた。それでもなお「未来のために景観条例が必要だ」と言って制定までこぎ着けたのに、その覚悟はどこへ行ったのか。

ちなみに、島津製作所は規制の範囲内で建設する予定だったが、わざわざ京都市側から高さ緩和の申し出があったと聞いている。決して、企業が行政に強く働きかけて実現したものではない。緩和規制がなければ別の場所へ移転するなどという話もなかった。

市民には大変厳しく指導する一方、一部にだけ特例を頻発する京都市の景観行政はすこぶる評判が悪い。

前章で記したが2015年（平成27年）頃から、京都市では相次ぐホテル建設による市民の住居確保が難しくなり、オフィスが慢性的に不足するようになった。私はこれを深刻な市政の問題として、いち早く議会でも取り上げたが、都市計画局は「相関関係はない」と答弁していた。しかし、都市計画のプロ集団である計画局は、市長の手前明言こそできないものの、事態が深刻化しているという危機感は持っており、ホテル建設の抑制が最も効果的であることは認識していたように思う。

しかし、依然として市長はホテル誘致に熱心でホテル建設をやめさせる気はなかった。

そこで、都市計画局が苦肉の策でひねり出したのが、容積率と高さ規制の緩和だった。

２０１９年（平成31年）、部分的に20メートル規制だったエリアを31メートルに引き上げ、さらに京都市のシンボルロードである御池通り沿道の高さの制限を31メートルから34メートルに引き上げるという答申を発表したのだ。

京都市は景観政策を「進化する景観政策」と名付けているが、進化でなく迷走ではないだろうか。規制しては緩め、緩めては規制するの繰り返しに市民は混乱している。そのたびに地価は乱高下し、資産価値は大きく変動する。景観条例成立後、対象地区の地価は下落する一方、規制前に建てられた中古マンションの高層階は、今後周辺に高い建物が建設されないことが確定し、眺望が将来的にも確保されるとして大きく値上がりした。

地元のビルのオーナーは振り返る。

「突然景観条例が出てきて、高さ規制は厳しくなりましたわね。それでも、１００年かけて建物の高さを揃え、スカイラインをきれいにするための第一歩だと言われて、私らはしぶしぶ納得した。これからはこの厳しい高さ規制のなかで、切磋琢磨しなきゃならんのだと覚悟しましたよ。だからそれに適合したビルも建てたのに、10年足らずで変更とはどういうことか。この10年の我々の努力はなんだったのか」

さすがに地元の猛反発もあり、34メートルへの引き上げは白紙撤回されたが、25メートルから31メートルへの引き上げは市内のあちこちでつぎつぎに実施されている。31メートルに引き上げても景観上問題がないならはじめから31メートルにしておけばいいものを、必要以上の規制をしたせいで、つぎつぎと緩和に乗り出すというお粗末な結果となっている。しかも、ちょこちょこマイナーチェンジを繰り返すものだから、なおさら不評を買う。

そもそも保全しなければならないのは東山、西山、北山という三山に囲まれた保全エリアであって、観光資源のない工場エリアや周辺部については大幅に緩和すべきだし、街なかの31メートルのスカイラインは死守すべきだが、その裏通りについては景観に影響がないことから一部緩和すべきだ。

そしてやるなら、「進化する」などと無責任なことを言わず、「これが将来にわたって京都の姿なのだ」と胸を張って、二度と触らないぐらいの覚悟で一気にその構図を示すべきではないか。そして、よっぽどの特殊事情がない限り軽々しく特例を適用するべきではない。しかし残念ながら、京都市景観政策の迷走はさらに続く。

第8章 住民が住みやすい「古都京都」とは

コインパーキングだらけの中心市街地

行政の都合で街なかの高さ制限をどんどん緩和していくことには反対だが、容積率緩和は必須と考えている。

京都市内にはコインパーキングが非常に目立つ。最も活用されねばならない中心市街地に、なぜこれほど駐車場が目立つのだろうか。大都市では極めて珍しい風景だ。

実は、この問題は高さ規制と深く関係している。高さ規制の網を厳しくしたため、地価は高いのに5階までしか建てられず、通常の商業ビルやマンションを建設しても十分な利益が上がらない。結局一番利益が出るのは平面のパーキングというケースが多いのだ。中心市街地の土地が有効に活用されていないことは都市計画の観点からも由々しき事態なのだ。

現在、京都市内の中心市街地の高さ規制は表通りが31メートル、裏通りが15メートルだが、これを仮に21メートルに緩和したところで景観上の問題はない。ならば、土地が有効に活用される高さにまで緩和すべきではないか。裏通りのコインパーキングが消え、景観に影響を与えない商業ビルやマンションが建てば、人が増えて賑わいが生まれ、税収も上がる。建築基準法等のさまざまな規制も伴うので一律緩和は難しいが、できるところは21メートルまで緩和し、マンションや商業ビルの建設を促進し賑わいをつくるべきだろう。一定のルールづくりを行えば政策的な誘導が可能になる。

たとえば、韓国・ソウルの大学路《テハンノ》という地域は文化地域に指定され、小劇場が無数にある。韓国は文化政策に熱心で、映画やテレビドラマはもちろん舞台芸術にも力を入れている。その一環として舞台芸術に関わるクリエイターや、俳優等のスタートアップにつながる小劇場を積極的に誘致しているのだ。誘致手法は、容積率の緩和である。建物を建設する際に小劇場を併設する場合は、容積率が通常の規定より大きくできる仕組みになっている。そのため、少しでも建物を大きく、高さを確保してテナント収入を増やしたいオーナーは積極的に小劇場を設置するようになる。

こうして劇場の街がつくられていく。こうした容積率緩和策は世界中で活用されている。

京都の街なかならば、１階部分はオープンスペース、店舗、エントランスに限定することで賑わいを確保する。エリアによって集積させたいものを決め、それを前提とした緩和を行う。たとえば、オフィスに限って緩和を行うなど、積極的に街づくりに関与していく。こうした取り組みが、再び街の活力を生み出すはずだ。

ポートランド型街づくりファンド創設を

容積率を緩和すれば、その分固定資産税の増収になる。増収分を担保にしたファンドを創設し、資金調達に充てることもできる。街づくりには、まずは先立つ財源が必要になるからだ。

アメリカのポートランド市（オレゴン州）はこの資金調達手法によって、新たなLRT（ライトレールトランジット＝次世代型路面電車）整備を進めている。容積率緩和後30年で増える固定資産税分を算出し、創設したこのファンドを用いて街づくり政策を実行しているのだ。

京都の場合、一番いいのは、この資金で当該エリアの京町家保全や京町家の移築を行うことだ。京町家というのは軒を連ねてこそ観光資源として生かされる。わざわざ単体で見に行く価値がある重要な建築物を除けば、京町家だからといってポツンと1軒あるだけでは、観光資源として有効に活用できない。しかし、京町家を市内の交通至便エリアにまとめて移築することができれば、その価値は飛躍的に上がり、保全も容易にできるようになると考えている。祇園花見小路のような京都の街並みを新たにつくり出すのだ。海外の観光地でも、滅びた昔の街並みを再現した建築物群をつくり、観光資源にしているところは少なくない。

京都の場合は、新たにつくるのではなく、移築し集積して新たな観光資源にすることが可能なのだ。個人的には京都駅周辺の広大な市有地の一部を使えば、アクセスも容易で、駅前観光の活性化が実現できるのではと考えている。

もちろん移築には金がかかる。解体移築にせよ、そのままのかたちで移築する曳家《ひきや》や吊り下げ工法にせよ、かなりのコストがかかる。しかし、どんどん解体されていく京町家を保全し有効活用するならそうした手法も考える必要があり、そうした費用を新たに建設される建築物から捻出するというのは現実的な手法ではないだろうか。

シリコンバレーの成功と課題

ＩＴ産業の集積地として知られるサンフランシスコ南部のシリコンバレー。今このシリコンバレーは深刻な生活コストの上昇に悩まされている。この街が世界のＩＴ集積地になったのは、スタンフォード大学を中心にした高度人材が集積されたことや、ＰＣ機器系のインテル、アップル、サン・マイクロシステムズ、ヒューレット・パッカード、ソフトウェア系のアドビシステムやオラクルなど巨大企業が本拠地としたことなどの要因もあるが、もうひとつの大きな理由はシリコンバレーという都市の住みやすさだ。クリエイティブな仕事をするには、ニューヨークのように窮屈な都市型のライフスタイルよりも郊外型の方が向いている。気候がよく、物価が安い地域で広い一軒家に住み、衣食住が十二分に満たされた生活が送れるシリコンバレーは、長時間パソコンの画面に向かって働くＩＴ系企業の従業員たちにとって非常に快適で魅力的だったのだ。

しかし、どんどん高収入な高度人材が集積されるにつれて、不動産価格をはじめ物価の上昇が始まった。人口が増えて市民所得が上がる以上、ある程度はやむを得ないが、最近のシリコンバレーの地価の上昇はひどく、その魅力はしだいに損なわれつつある。

コンビニの看板も「京都風」

京都の景観は広告物にも大きな影響を与えてきた。

各企業の不断の努力と行政の指導によって、全国的なフランチャイズさえ「京に入っては京に従え」で、「京都店独自」の看板を掲げてきた。赤と黄色が目印のマクドナルドも京都では茶色、最近は黒文字の看板だったりする。ローソン、セブン-イレブン、ファミリーマートといった大手コンビニエンスストアの看板も色合いが違っている。青に白抜きのローソン看板も京都では白に青文字でローソン、セブンのカラーラインだが、京都ではラインがとても細い。京都を訪れた際には、ぜひ全国チェーンの看板もチェックしてみてほしい。

京都市では、かねてから取り組んできた広告物の一斉規制強化に踏み切った。京都らしい街並みを進化させるためだ。

京都独自の看板の例

　これについては、かなり強引な規制をしたため、反発も多かったが、その分効果が出るのも早かった。新たに設置するものを規制したのはもちろん、残置期間が長いものの撤去・掛け替えの指導、設置したばかりの看板でも容赦なく撤去指示が出された。しかも看板の掛け替え費用は自己負担のため、屋上看板などを設置しているところはクレーンを使わなければならず、掛け替え作業だけで100万円単位の費用を要するなど事業者の負担は大きく、反発も大きかった。

「一昨年付けた看板を外せと言われるわ、150万円の見積もりは来るわ、それで看板が目立たなくなるってどういうことやねん」

「行政の指導に従って設置した看板がなぜ突然違反になるのか」

「喜んでるのは看板屋だけだ」

経営者が集まれば怨嗟の声で溢れていた。屋外広告物規制バブルに沸いたはずの看板屋ですら、

「うちの業界は零細ばかり、限られた仕事を細々とやるから成り立ってるんや。今後20年で発注される看板掛け替えの仕事をまとめてもらえたとしても、忙しいわ、来年以降の仕事あらへんわ、ええことありませんわ」

と、ぼやく。しかし、それでもなお、職員を大幅に増員し、見回りから指導を徹底したおかげで、当初は「何とか騙し騙し逃げ切れるんじゃないか」と踏んでいた事業者たちもつぎつぎに看板の掛け替えを始めていった。気づけばゴテゴテした大きな看板は京都から消えていったのである。初めのうちこそ、「窓の内側に従来の看板を置く」といった規制逃れも横行したが、最近ではめっきり見なくなった。突き出し看板（道路上にはみ出た看板）の設置も禁止したため、どこに何の店があるかわからないといった声も

聞かれるが、行政主導で街並みが大きく前進したことは評価に値する。

課題がないわけではない。全市的に規制した屋外広告物だが、本当に郊外のロードサイドまで規制する必要があったのかという問題だ。国道1号線を大阪方面から京都へ向かうと、宇治川を渡った瞬間からロードサイドの風景が大きく変わる。お隣の八幡市までは賑やかに並んでいた看板が突如消えるのだ。1号線は八幡市から京都市に入り、五重塔で有名な東寺にぶつかるまで、車で走って約20分程の距離だが、ほぼ工場地帯、商業地帯を走り続ける。これらのエリアには観光施設は城南宮《じょうなんぐう》ぐらいのもので、ほとんど観光客が訪れることもない。観光と縁遠い地域に至るまで、本当にこの規制が必要だったのかは疑問が残る。

ちなみに屋外広告物の撤去については、特にこうした郊外からの反対が大きかった。規制というと聞こえはいいが、市民に不利益を押し付ける行為であることは事実で、不必要に拡大させるべきではない。

古ければ全部「京町家」か？

２００８年（平成20年）に４万７７３５軒存在した京町家が、２０１６年（平成28年）には４万１４６軒へと減少したことを受け、京都市は少しでも京町家を保存したいという思いのもと、２０１７年（平成29年）11月、京町家条例を制定した。

ちなみに、京都市が定義する京町家とは、「１９５０年（昭和25年）以前に建設した木造建築物で、伝統的な構造（伝統軸組み構法や伝統構法）、平入りの屋根、３階建て以下、一戸建て、または長屋で、かつ通り庭、通り庇《ひさし》、格子等の京都らしい意匠をひとつでも有するもの」とされている。

「厳格なルールの下でそんな京町家が４万戸も残っているのか」と感心する人もいるかもしれないが、実態は、「古家」なら片っ端から「京町家」に指定された感が強い。街なかの戦前の家といえば、だいたいどれも木造で、標準的な住居はいずれも伝統的な構造である。

私は、指定された京町家を片っ端から現地調査したが、残さねばならない京町家とは

重要町家（上）、京町家が並ぶ住宅街で現地調査する筆者（下）

言えず、正直「これ、町家か？？」という物件も少なくなかった。観光客がイメージする京町家とはほど遠い、ただの老朽化した古家が、ことごとく京町家に指定されている。保全より危険家屋の指定が必要なレベルの家まで存在する。

確かに、そうした古家であっても、コストさえ掛ければ立派な京町家に再生できるだろう。実際、京都市の補助を受けて再生された京町家はいくつもある。行政はさまざまな補助制度や基金をつくってその保全に躍起になっている。

しかし、京町家は減り続けている。２０１８年（平成30年）には京都市最古級の京町家として、重要文化財級といわれる川井家住宅が解体され、２０１９年（平成31年）には建築家武田五一によって大正時代に造られた川崎家住宅も解体の危機に瀕し、京都市が解体しないよう警告を発するという異例の事態になった。

京町家が減り続ける本当の理由

京町家が減っていく最大の理由は、保全に経済的合理性がないということだ。特に解体が激しいのは街なかの物件だが、考えれば当然の結果だ。容積率300％の用途地域で7階建てのビルが建てられるエリアに、2階建ての京町家を残すメリットはあまりに少ない。

持ち主にいくら「京町家を残したい」という思いがあっても、相続や老後の資金作りのために売却を検討せざるを得ないこともある。町家として売却すれば5000万円だが、ホテルやマンション業者に売却すれば1億円以上の値が付く。そもそも建築基準法施工前に建てられた京町家は既存不適格物件ばかりで、ローン審査すら通りにくい。地元の京都信用金庫等は特別の融資枠を設定しているが、それでも解体して新たなものを建築する方が、収益率も高く、融資も受けやすい。土地の利活用を考えれば、当然ホテルやマンション事業者に軍配が上がる。保全のメリットがないのだ。

また、老朽化した町家は地震や火災時のリスクが高い。つまり、京町家4万軒の保全というのは安全性を犠牲にした上に成り立つロジックだといってもいい。行政は「安全性と景観の両立」を強調するが、それは机上の空論だ。

仮に4万軒の京町家を安全に保全しようとしたら、一体コストがいくら掛かるのだろうか。耐震補強や防火対策も含め、１軒あたり最低１０００万円はかかる。新築を建てた方が安いとも言われている所以《ゆえん》だ。つまり京町家の現状保全には４０００億円以上のコストが掛かる計算になる。補助率を50％にしても２０００億円という巨額の予算が必要になる。

それを市民負担でやりきることは、到底現実的ではない。

事実、２０１９年（令和元年）７月、祇園の人気観光スポット・花見小路通にある老舗茶屋と日本料理店が全焼するという大火事があった。全焼したお茶屋「吉うた」は、作家の長田幹彦が「祇園小唄」を作詞したとされることで有名な老舗だったのだが、これも京町家ならではのリスクが顕在化した事例に過ぎない。

こうしたエリアの京町家群は、安全性においてリスクが大きいことを理解しつつ、それでもなお誇るべき花街を残したいという住民や店主たちの矜持《きょうじ》によって、維持されているのだ。

一方、市内全域に散らばる町家に住んでいる市民はどう考えているのだろうか。

「とりあえず私は残したいと思って住んでいますが、それも私の代で終わりです。後に住む人が保全するとは思えない」

「たしかに情緒はあるが、正直住みやすいかと言われるとお世辞にも快適で住みやすいとは私は思わんよ。確かに夏は涼しいですけどね、冬は寒いもんですわ。隙間だらけなんですからね。だんだん年をとると段差もきつい」

「近所の人は『よろしいなあ』と簡単に言うが、ちょこちょこ修繕するのにどれだけ費用が掛かるか。役所の補助もあるけど、結局身銭切らないと住めないんですよ。見てるだけの人にはわからないわね」

「うちは長屋ですが、すでに思いっきり傾いていますやろ。地震来たらアウトですわ。といって、直すにしても皆さんの合意もいるし、費用もぎょうさん掛かりますやろ。直すゆうても現実的やないですわな」

「愛着もあるし住み慣れてるからなんとも思わないけど、息子は新しい家建てて住んでます。帰ってくることはないですね」

「うちは『重要京町家指定』を受けてます。ご先祖様が残してくれた大切なものですから、できる限り原型を留めるよう、毎週手入れに来ています。何とか残したいですけど、正直お金は掛かりますよね」

街の声を拾っていくと、京町家をこのまま保全するのは現実的に困難だとわかる。「町家に住みたい若者が増えているから、うまく活用すればいいじゃないか」という声もある。確かに、若者に住んでもらって保全するという取り組みは積極的に進めるべきだ。しかし、いくら町家好きの若者が増えたとはいっても大勢ではない。いわばデジタルの時代になっても「やっぱりアナログのレコードがいいですわ」という人が一定数いるのと同じで、そうした少数の人の力だけで全体を守ることは難しい。

今、京都市の方向性で極めて不明確なのは「誰のために京町家を保全するのか」ということだ。未来のためというが、一体誰の未来のためなのか。

それは観光のためではない。ごく一部の町家群は観光資産になり得るだろうが、町家とは今も昔も「住むためのもの」であって、それは住人のためのものであることを忘れてはならない。

そこに実際に住まう住民の強い願いが「保全」なのであれば、行政は最大限それに寄り添うことが大切ではないかと思う。しかし住人たちがそれを強く望んでいないとすれば、行政の行き過ぎたおせっかいになる。

内装の大幅変更は「可」とすべし

最初の問題は、4万軒という膨大な古家を京町家に指定したことにある。可能性のあるものをとりあえず全部指定したのだが、これをすべて救うのは現実的ではないということだ。限られた予算内で、できる限り残すのであれば、まず残すべきものを絞る作業からしなければならない。

重要京町家と位置付けた4000軒（これでも多いのだが）と、祇園町のようにエリアとして指定した地区の京町家を保全することに特化していくべきだ。ビルの隙間に立つ街並み景観には直接役に立たない京町家であっても、重要文化財級の価値ある京町家については、他の4万戸への補助を削ってでも保全するべきではないだろうか。逆に、ビル群の中の普通の京町家は保全が困難だと自覚したほうがいい。

京町家を保全するための条例をつくって補助金を出しているのに、肝心要の重要文化財級の京町家が壊されていくのでは、何をしているのかわからない。この類の政策の要点は「捨てる覚悟」だ。エッジのきいた、メリハリのある保全が望まれる。

そして次は「京町家の何を残したいのか」という問題だ。訪れた多くの人が「やっぱり京都は違うなあ」という印象を持つのは、やはり景観によるところが大きい。京町家でいえば、まずその外観だ。できることなら、外観も内観もすべて残すのが一番いい。しかし今、京町家が経済的合理性をもって運用されているのは、京町家を改装した民泊や簡易宿所、レストラン、オフィスなどの例だ。皮肉なことに、朽ち果てた京町家に多額の改修費をつぎ込んで「住みたくなる京町家」に再生しているのは、ほとんどが京都市が非常に厳しく規制した民泊事業者なのだ。

さまざまな問題も生んだ「民泊」だが、ここではその民泊が大きな役割を担っている。下京区には、街区ごと買い取り、路地奥すべてを改修して昔の街並みを再現した簡易宿所群も存在する。

つまり、一部の重要京町家を除き、京町家の内装が変更されることには目をつぶるほうがいいということだ。内装が大幅に改装されたとしても、解体されるよりはましではないか。大体、耐震補強もできていない状態の家より、耐震補強され大幅にリノベーションされた家のほうが安全対策上も有益だろう。現存のまま残せと言うなら、バリアフリー対応の改修すらできない。

民間の力で京町家をできる限り保全しようとするなら、やはり経済的合理性に力点を置く必要がある。京都市も「できれば内装もそのまま残してほしいのですが」という中途半端な立ち位置をやめて、内装を大幅に変えたい希望するオフィス、レストラン、店舗の事業者もおおいに歓迎すべきだ。優先すべきなのは、とにかく残すことである。

そして、もうひとつ大切なのは持ち主、住民が「残してもいい」と思えるシステムの構築だ。たとえば固定資産税の減免や、購入時のローン優遇という策も考えられる。グッドデザイン賞のように物件の資産価値が上がるような表彰の仕組みもあっていいだろう。

京都市が導入している「京町家カルテ」(所有者が申請すると、建築士が建物の歴史や特徴、家の状態など事細かに調査し、資料を作成する。料金は5万5000円)などは、コストは掛かるがローン優遇を受けられたり、資産価値が上がる仕組みとして評価できる。こうした制度の充実を図ることが望まれる。

保全ばかりではなく「新築町家」を建てやすく

もうひとつの問題は、対策が「保全」にばかり傾き、新しい町家をつくることに対する制度が確立していないことだ。

そもそも石造りのヨーロッパの街並みと違って、木造家屋には耐用年数の限界というものがある。もともと木造家屋は30年、50年というスパンで住むことを前提に建築されたもので、何百年も住み続けられるものではない。安普請ならなおさらだ。そんなものを保全したところで、早晩建て替えざるを得ない時期がやってくる。サイディング張りのハウスメーカーに建て替えられたら、街並みもへったくれもないではないか。実際すでにそういうケースは頻発している。

京町家を残したい、守りたいというなら、安全性と居住性を兼ね備えた「新築の京町家」に対してこそ十分な支援をすることが得策ではないだろうか。

中途半端にせず、徹底的に対象を絞って保全し、創造することが大切だ。

「捨てる覚悟がいる」といったビル群の中の京町家については、まとまった街区をつくり、移築して残す方法も考えてもいいのではないだろうか。移築は費用負担が大きいため、最低限の移築にならざるを得ないだろうが、やらないよりはいい。●ページで述べた「まちづくり賑わいファンド」等を利用することも検討してはどうだろうか。

四条通「1車線化」で大渋滞の真相

２０１４年（平成26年）市民を巻き込む大論争が起きた。「四条通１車線化計画」である。

京都の中心地であり最大の繁華街、四条通を１車線にしようという提案だった。門川市長は「歩いて楽しいまちなか戦略」という旗印を掲げ、片路２車線のうちの１車線をつぶして歩道を拡張し、市民も観光客も歩きやすい繁華街をつくろうというものだった。

車道をつぶして歩道となった１車線ぶんのスペース随所には車両の停車ポイントを作

って荷捌《にさば》きやタクシーの乗降を行い、本線はスムーズに運行させるという計画だった。そもそも、２車線のうち歩道側の１車線はすでにタクシーの停車などでつぶれており、実質的に１車線しか通行できていないのだから、いっそ歩道を拡張したほうがいい、という発想である。

都市の中心部から車を締め出して歩行者天国にするという発想は、現在の世界の潮流に乗った取り組みであり、各国で成功を収めている。欧州はもちろん２００９年にはニューヨークのブロードウェイでも実施され、タイムズスクエアの来場者が増えたことでも知られる。

しかし「四条通１車線化計画」は、沿道住民のみならず市民全体を巻きこみ、大反対の嵐が吹き荒れた。

結論から言えば、京都市の取り組みには計画段階から大きな欠陥があったのだ。こういった施策は反対が多かろうが、徹底して断行しなければうまくいかない。京都市は当初、１車線化した四条通から完全に一般車両を閉め出して公共交通機関のみとし、歩行者天国に近いものにするという計画を持っていた。いわば、ヨーロッパの旧市街地のように、歩行者天国の中にＬＲＴ（路面電車）が走るようなイメージだ。しかし、準備を進めるうち、一般車両の締め出しは市民の反発が大きすぎると判断したようで、早々に折衷案がつくられた。

それがすべてを中途半端にしてしまう結果となっていく。

四条通には京都市内最大級の乗降客数を誇るバスの停留所がある。バス停は拡張された歩道を削り、溜まり部分を作り停車されるのかと思いきや、1車線化された車道上にバスを停車させる設計になっていた。乗客の乗降中は、後続のすべての車両は停車したバスの後ろで待っていなければならないというのだ。渋滞が起きるのは当然だ。実際、バスが数台連なってバス停で停車すると、場合によっては3分も5分も後続車がまったく動けない状況が発生、さらにタクシーの乗車ポイントも極端に少なく、乗降場所がかなり限られるため、足の不自由な人などにとっては大変不便だという声も殺到した。1車線しかない道が渋滞すると、対向車線にはみ出す無理な追い越しが多発して危険だという指摘も寄せられた。

本来、大型公共工事は議会の議決が必要とされるが、四条通の工事区間を細かく刻んだことで議会の議決案件からは外されたこともあり、反対の嵐が吹き荒れるなか、工事は粛々と進められた。

紛糾した議会では、交通工学に基づいたとされる「四条通は渋滞しない」という答弁が繰り返された。私は、かつて自身でバスの運行分析調査を行ったことも踏まえ「このまま突入すれば必ず渋滞は起こる」と指摘を続けた。市側が提案しているテラス型バス停（1車線上に停車させる突き出たバス停）ではなく、拡張した歩道に新設した停車スペースを使う「引き込み型」の提案を行った。さらに、バス待ちスペースとバス停そのものを分けることで現在のバス停前の混雑緩和を図ることも提案した。四条通の混雑を避けた車が周辺の路地に流入する懸念も指摘し続けていた。しかし、市はそれに耳を貸すことなく、この中途半端な改修計画を推し進めたのだ。

かくして、四条通も周辺道路も大渋滞するようになったのである。とりわけ観光シーズンともなると県外ナンバーの車までが、カーナビに誘導されて四条通の混雑を避けようと路地に流入するようになった。

歩道は部分的に拡張されたものの、荷捌き等の停車スペースが多く、歩道の形状は凸凹で、せっかく広げただけの効果は得られていない。歩道の屋根も従来歩道があった部分のみにしか掛けられておらず、雨の日や日差しの強い日に拡張された歩道部分を歩く人はおらず、何のための「歩いて楽しいまちなか戦略」だったのかということに帰着している。

さらに、テラス型バス停による渋滞懸念はいよいよ現実のものとなり、週末の四条通のバス停では、少しでもスピーディーに乗降してもらうためとして、バス停に臨時の運賃箱を設置し、乗客は降車後運賃を払うという謎のシステムが導入された。各バス停には、誘導員2人を配置、週末にはさらに2人を追加、バス停に計4人を貼り付け、2000万円の誘導員予算を計上するなど冗談のような本当の話がまかり通っている。

そして、長時間停車するバスの後ろからは強引に対向車線に進入して追い越しを繰り返す車両が後を絶たず、危険な状態が続いていることも放置されたままだ。

さすがに完成から3年がたち、市民側も多少対応に慣れてきており、大渋滞も全体的には落ち着いてきている。

とはいえ、今も近隣住民からは、

「ほれ見てみい。結局住民のことなんて考えてへんねん。観光客のことばっかりや」

といった怨嗟の声が聞こえる。

やってしまったものを戻せとは言わないが、せめてテラス型バス停を溜まり部分に引き込み、一車線はスムーズに走行できるように直すべきである。

八条口送迎場がえらいことに

京都市の観光政策の柱となっている「未来・京都観光振興計画２０１０＋５」の中で、鳴り物入りで紹介されているのが「観光客の不満をゼロに」プロジェクトだ。その中には観光案内標識のアップグレードや観光トイレの充実など多くの項目が並ぶが、特に大型の公共事業として扱われているのが京都駅南口駅前広場の整備だ。

観光客に対して「おもてなし」の心に満ち溢れ、「活気、賑わい」に溢れた駅前づくりを目指す、とされている。

しかし、蓋《ふた》を開けると、タクシー乗り場の混雑緩和については一定の効果があったもの、全体としてはいっこうに混雑が回避できていない、という不完全な状態のままで、京都市民からは多くの不満が寄せられている。

計画自体は「歩くまち・京都」と名付けられた交通戦略の一環であり、公共交通優先の広場づくりという方向性は評価できるものの、私は計画段階から、一般車両の乗降場スペースが小さすぎて、市民の車が停められなくなることを懸念し、指摘を続けていたのだが、結局まさにその通りになってしまった。

焦った京都市は、「京都駅には送迎用駐車場はありません」という迂回誘導看板を国道沿いを中心に市内中に設置して対応した。

我々は、誰よりも先んじて問題提起が必要と考え、駅前整備事業プレオープンの2016年（平成28年）4月29日~5月19日の混雑が予想される朝7時から22時まで、手分けして実地調査をした。その結果、平日昼間は問題ないが、平日夕方と日曜日は慢性的に車が溢れて停められない状況が多く見られた。特にゴールデンウィークの送迎場はほぼ溢れっぱなしで、行列を待って乗降場に入ってきた車両も停車する場所がなく、乗降できずに乗降場を通り抜ける車両が多発、行列は表通りまで終日続いた。ドライバー同士のトラブルに発展するケースも見られるほど混乱していた。いつ事故が起きてもおかしくない状況だったのだ。

役所は「ここは人を降ろすだけ。待つのは禁止」とし、現状は監視員が注意をしているが、我々の調査では迎車車両の平均停車時間は11分。役所の思う通りにはいかない。地元の京都市民はもちろん、企業でも「お迎えすべきお客様」が多いのが京都の特徴だ。大企業、外交関係、宗教・文化関係、大学関係などＶＩＰも多い。ＶＩＰの到着を待つ運転手付き車両がそう簡単に移動するだろうか。彼らに「他の車両と同様、コインパーキングで待ちなさい」と言っても、現実的にはかなりむずかしいように思う。加えて、調査の分析から、混雑する大きな要因はこういった観光客の送迎であることも確認された。

結局、観光客によって、市民が利用しづらい京都駅となったわけだ。

そもそも、1日42万人が利用する巨大ターミナルで、乗降場が40台から5台分に縮小されたのだから溢れて当然だ。全国のターミナル駅と比較しても5台は少ない。数台の乗降場しかない駅もあるにはあるが、そうした駅には例外なく巨大な地下駐車場や整理場と呼ばれるヤードが用意されている。東京駅八重洲口に広がる八重洲地下駐車場を思い浮かべてもらうとよくわかる。しかし、京都市は「周辺のコインパーキングがあるので大丈夫」と胸を張る。どこが大丈夫なんだ！　と言いたい。コインパーキングはそもそも一時的な土地利用で、いつビルが建つかわからない代物だ。

実際その後、京都駅周辺のコインパーキングはホテルに姿を変え、京都市の目論見は見事に外れ、混雑する一般乗降場への対策のめどは立たないままだ。

自治体の施策は、「公共交通優先の、歩ける街にしたい」という政策と市民ニーズとのバランスの上に成り立つべきものだ。政策誘導の趣旨は評価できるが、あまりに市民ニーズが脇へ追いやられている点は問題だと思う。しかも、京都駅前南口広場の建設に当たっては「高層化するべからず」の規制通り、地下空間も使わず低層で建設されたが、その後京都駅前南口界隈はつぎつぎと高さ規制の緩和を行っている。今となっては、なんだったのかと思う。

南口の一般乗降場対策について、私は京都市のまちづくり委員会で2つの提案を行った。

ひとつは、南側一般車送迎場の設置だ。八条通南西側（カラオケ、パチンコ店前）に観光バスの臨時停車場が作られるのだが、混雑時以外は利用の予定がないので、ここを一般車用に開放するという提案、もうひとつは、八条東口の前（地下鉄の出口横）の一等地に鎮座している60台分の原付駐輪場を周辺に移動させ、ここにＶＩＰ駐車場を設置するという案だ。この場所をわずか60人が一日中占拠するのはいくらなんでももったいないではないか。ちなみにＶＩＰといっても、誰でも10分２００円程度の料金で利用できる。割高ではあるが大切なお客様を待つときのみ、短時間利用してもらえばよい。これで大幅な混雑緩和ができるはずだ。

必要な台数を確保しつつ、京都市民が利用に困らない乗降場を確保することも重要なことなのではないだろうか。

そうでなければ、市民は「観光客のせいで我々が不便を被《こうむ》っている」と不満を募らせるだろう。反旅行者感情を、これ以上行政が醸成してはならない。

第9章

京都駅前大学移転構想の大欠陥

住民不在の市立芸術大学移転計画

現在の京都市政は、類いまれなるリーダーシップで10年以上の長きにわたりけん引し続けてきた門川大作市長の独壇場と化している感がある。「権不十年、権力は10年で腐る」といって熊本県知事を退任したのは細川護煕元総理だが、10年もすると腐らずともイエスマンが跋扈《ばっこ》し、市長に直接モノを言える職員がいなくなっていくことは避けられない。今や市長の標榜する「文化・観光都市」を基軸にした都市づくりの考え方は庁内くまなく行きわたり、鶴の一声でつぎつぎに事業が展開していく。

文化都市としての格を高めたい門川大作市長は、新たな計画の実行に着手する。京都市立芸術大学の京都駅前移転計画である。

２０２０年度（令和2年度）から具体的工事に着手されるこの計画の概要をご説明しよう。

京都駅前周辺には他都市では考えられないほど広大な京都市所有の土地が広がっており、この計画は、京都駅北側の公有地を利用するものだ。

京都駅北東に行列の尽きない「第一旭」「新福菜館」という全国的にも有名なラーメン店が2店並ぶ場所がある。京都駅を南北に繋ぐ高倉跨線橋が架かるこのエリアは地元では「たかばし」と呼ばれているのだが、そのたかばし以東から鴨川までの一帯が予定地だ。

この地域は崇仁エリアと呼ばれ、日本最大の旧被差別部落地域という特殊事情を抱えている。門川市長は「この地域に文化施設をつくることによって被差別部落のイメージは一新される上、京都の玄関口に芸術大学があることは文化都市としての格をさらに高め、文化観光行政のシンボルにもなり得る」と胸を張る。

しかし一方で、これこそ住民不在の文化行政のシンボルでもあると言える。

具体的に説明していきたい。

まず立地だが、ここは駅前の超稀少立地だ。現代の都市計画は、基幹駅を中心として都市が広がる傾向にあり、とりわけ都心回帰によって基幹駅周辺の開発は激化の一途だである。それは東京駅前を筆頭に、名古屋駅前、大阪駅前などを見ればよくわかる。大阪は、最後の「究極の公有地」である大阪駅北地区の、通称「梅田北ヤード」（うめきた）をどう使うかが都市の命運を握るとして、この地のあり方を長年研究・検討してきた。「駅前」というのは都市にとって特別な場所なのだ。

京都における梅田北ヤードが、今回の芸大移転計画予定地・崇仁地区であるといっていい。

梅田北ヤードの先行開発区域に建設されたグランフロント大阪は敷地面積4万7916平方メートルで、芸大移転用地は3万8000平方メートルと規模感はかなり近い。つまり今回の計画は、うめきたに大阪市立大を移転させるようなものなのだ。

京都市はこの建設によって大きな人の流れができるというが、本当だろうか。

京都市立芸大は大学院まで含めて、2017年（平成29年）現在の学生数は1031人だ。この数字がどの程度の規模なのかを知るために、京都の代表的な大学の学生数を見てみよう。

・立命館大学　3万5529人（うち衣笠キャンパス　約1万8000人）
・同志社大学　2万9459人（うち今出川キャンパス　約2万人）
・京都大学　2万2698人

・龍谷大学　１万９８９６人
・京都産業大学　１万２９９６人
・京都精華大学　３０８９人
・京都ノートルダム女子大学　１１４８人

大学誘致によって街に一定の賑わいが生まれたり、人の流れをつくるにはざっと１万人規模が必要で、１０００人規模では「人の流れ」といえるようなものにはならない。少人数のために、稀少な駅前の広大な敷地を用意することが京都全体にとって妥当な判断かは疑わざるを得ない。

土地にはそれぞれ有効な使い方がある。たとえば平安神宮で有名な岡崎地域は、文化ゾーンで、もしあのエリアに何かを建造するとすれば、美術館やロームシアターに続くような文化施設であり、いくら必要でもここに老人福祉施設をつくらない。祇園の石畳エリアに企業誘致をしないのと同じことだ。その土地その土地で最大のパフォーマンスを出せる使い方をすべきであることは、言うまでもない。

そういう意味で、二度と出てこない京都駅前の巨大公有地は稀少中の稀少だ。

たとえば、検討されている路面電車の復活が具体化した場合、拠点駅になれる場所は京都駅以外のどこにあろうか。ほかにその広大な土地の確保ができる場所はない。リニアの京都誘致にしても、この土地の使い方は交渉上、極めて重要なカードになる。特に鉄道会社にとって駅隣接地は特別な意味を持つ。

大学のサテライトキャンパスが京都駅前にあること自体は否定しないが、広大な駅前立地の大半を使って市立芸大を誘致するというのは、京都の未来のためにとってあまりに軽率な計画ではないのだろうか。

半世紀行政に振り回される沓掛エリア

そもそも、現在の京都市立芸術大学は、京都市の最西端である西京区大枝沓掛町《おおえくつかけちょう》にある。1980年（昭和55年）大枝沓掛に市立芸大が移転する際、当時の梅原猛学長は①交通の便がよいこと　②公害がないこと　③用地が6万6000平方メートル以上という3原則を打ち立て、移転地検討がなされ、勧修寺領、伏見浄水場跡など複数候補が挙がった中で現在の大枝沓掛へ移転した。

当時の新聞などを読むと「とにかくスペースが欲しい」というのが一番の課題であり、移転前の美術、音楽両学部はあわせて3万4０００平方メール（敷地面積）だった。現在の沓掛キャンパスは7万5０００平方メートル（当初予定、のち6万8０００平方メートルに）で約2倍に拡大されることに大きな期待が集まった。しかし、今回の移転計画では移転前と変わらない規模（3万8０００平方メートル）へと半減する。ちなみに今回の移転で敷地面積は国公立系芸大の中では最小規模になる。沓掛への移転当時あれほど用地の広さにこだわったのはなんだったのか。本当に十分な用地が確保されていると言えるのだろうか。

またグラウンドから体育館、学舎、８階建ての新研究棟などは２０００年（平成12年）につくったばかりで、これらを一体どうするつもりなのか、まったく目星もついていない。市立芸大が転出した後の沓掛エリアはどうなるのか。

この地域は半世紀にわたって、京都市の都市計画に振り回されてきた。最初、京都市初の超大型ニュータウン開発地域に隣接した沓掛エリアは団地開発をする約束で地元の地主に土地の売却を持ちかけ、市が買収した。しかし、その開発計画が頓挫すると買収した土地の一部を関西電力に売却し、一方的に残りを市立芸大にすると決定。

つぎつぎと勝手に進む京都市の計画に対し、地元は反発した。しかし市立芸大移転が本決まりになってからは気持ちを切り替え、学生向けのマンション建設などに沸いた。学生が増え、人の流れができ、地元も歓迎ムードになった。

しかし今、この地域は、以前よりさらに悪い状態に戻ろうとしている。住民不在の今回の移転には地元も困惑し、西京区のすべての自治連会長名で移転反対が叫ばれたのも当然のことだった。

「西京区は京都市の西の玄関口とも言える立地環境にあり、阪急やＪＲなどによる京都市都市部や嵐山などの観光地へのアクセスも便利であるとともに、大阪方面への通勤・観光・ビジネスにも利便性の高い地域です」

これは、京都市による「西京区・洛西地域の新たな活性化ビジョン」の中の文章だ。これほど利便性を謳いながら、京都市芸大については不便だから移転するとしている。まさに矛盾だ。

さらに、西京区活性化ビジョンはこう続く。

「郊外としてのまちの魅力を大切にしながら、学術機関に集う多くの研究者や学生、市内有数の農業資源、個性ある歴史文化資源、高速道路による広域アクセスなど、都心とは異なる、西京区ならではの資源を活かした仕事の創出を目指します」

これを読む限り、西京区にとって学術機関は西京の未来にとって中核をなす施設であることがわかる。西京区の学術機関である京都市立芸術大学、国際日本文化研究センター、京都大学桂キャンパス、京都経済短期大学の総学生数は約４０００人だが、芸大が移転するとその25％が減ってしまう。これは西京区にとって大問題だ。これでは、西京の未来よりも大学の未来のほうが大切だと言わんばかりだ。

２０１８年年（平成30年）９月、私が所属する地域政党京都党は芸術大学のある大枝地区住民１９７人に対面式でアンケートを実施した。結果は、移転賛成11％、反対36％、移転すると活性化すると答えたのが０・５％、衰退すると答えたのが52％と、見るも無残な結果だった。

反対理由は、「地元のつながりがなくなるのは寂しい」「芸大のイベントに行っているから」「若者が減ると活気がなくなる」など、京都市立芸大が40年近く地元に根付き、地元に愛されてきたことがよくわかる回答だった。この地域に住む住民は大枝6400人、新林8360人の合計1万4760人、国際日本文化研究センターや京都大学のある隣地区の桂坂を入れると2万6300人に上る。当然、市立芸大の学生数（約1000人）よりはるかに多い。住民の思いに寄り添わずに、大学に寄り添う姿勢には行政のチグハグさが見え隠れする。大学が去っていく地元住民には何の方向性も示さず、納得させる、説得する努力をまったくしていないのだから、当然の結果だろう。

都市の大計のために犠牲はつきものということなのかもしれないが、沓掛については、行政が地元を振り回しすぎているのではないか。まだまだ改修して使える施設を放置し移転を強行したい裏に何があるのか、疑惑は深まるばかりだ。

「駅前住民からの誘致要望」など存在しない

さらに不可解なのは、今度は移転予定地での動きである。

２０１８年（平成30年）６月６日、京都駅東地区自治会連合会の設立総会が開催された。すでに崇仁には崇仁自治連合会という自治会がある。それに加えてもうひとつ同じ地区に自治会ができるという摩訶不思議なことが起こっていた。メンバーが分裂したわけではなく、市立芸大移転に反対する住民が自然発生的に結成したという。

２０１７年（平成29年）５月に崇仁地区住民から京都市に提出された４６０人の市立芸大移転反対署名がこの背景にある。ただ、これは京都市が認めた公式の自治会ではないということで、資料には記載されていない。

ここから想像されるのは、崇仁には我々が想像する以上に反対勢力がたくさんいるのではないかということだ。

２０１８年（平成30年）９月、京都党は先述の西京区のアンケートと併せて、崇仁地区の住民を１軒１軒訪問し、市立芸大移転に関するアンケートを実施した。そこで、浮き彫りになったのは、賛成11％に対し、反対58％という圧倒的な反対の多さで、その理由は「立ち退くのはイヤだ」といった直接的なものから、「街の雰囲気が変わる」「住民への説明がない」「市と自治連のやり方が理解できない」といったものだった。

調査からわかったのは、京都市が主張を続けてきた「地元の要望により移転を決定した」というのは、まったくの眉唾《まゆつば》だということだ。

金もないのに移転させたがる理由

次に、なぜ今なのかという点だ。移転計画が具体的予算案に盛り込まれた２０１７年（平成29年）、京都市は過去最悪の財政難だった。その状況下で２０１３年（平成25年）まで予算を使って改修工事を続けてきた市立芸大を、今すぐ移転しなければならない理由は不明のままだ。最も古い建物でも築40年未満でまだまだ使える。建設費２５０億円についても、寄付を募り残りを税金でとのことだが、これまでの京都市の展開を見れば、ほぼ借金で賄われることは間違いない。

ちなみに１９８０年（昭和55年）に現在の場所に移転した際も、役所の財政は火の車、60億円の移転費用の捻出のために役所は頭を抱えていた。元の土地の売却費用を充ててなお不足する20億円をどうするのか、議会は紛糾した。（結果的には売却額は21億円分にしかならず、20億円どころか40億近い負担が発生したのだが）それが今はどうか。財政難に慣れてしまったのか、全額借金することに役所も疑問を持たず、粛々と進められている。前回の移転でも当初は総工費50億円と試算されていたのが82億円へ膨れ上がった。役所の工事はいつもそうなる。今回の建設費250億円も全額借金、最終的にはさらに大幅に膨れ上がる可能性が高い。

加えて言うと、移転候補地である崇仁地区は莫大な市税を投入して買収してきた経緯がある。2017年（平成29年）の公示地価（京都駅前98万円）を基準に計算するとざっと372億円分にあたる。建設費と合わせると622億円分の超大型公共事業になる。言っておくが、622億円あれば、京都市では半世紀以上ゴミ袋は無料化できる。保育園の完全無償化なら10年分。児童館はなんと1884館建設できるという金額だ。

公立大学の意義は認める。しかし、2017年度（平成29年度）入学者200人のうち市内在住者はたった27人、昨年は38人だ。学生が市内在住者ばかりである必要はないが、京都市民の税金は、京都市・京都市民にとって最良の再分配を行う必要がある。この実態を踏まえて、600億円に上るプロジェクトに税金を投入するのが妥当な金額かどうか、よく考えねばならない。

そこで、次に大学運営の立場に立って、本件を検証したい。

まず、芸大側の移転理由は以下の4点だ。
①バリアフリー整備
②耐震性
③施設の狭隘化
④立地条件
最初の3点は移転せず、沓掛での建て替えで可能で、移転の唯一の拠り所は立地なのだ。しかし、立地はそれほど必要なのだろうか。

「立地が悪いと受験生の確保が難しくなる」というのがその理由のひとつだが、そもそも京都市芸術大学の入試倍率は2019年（令和元年）で美術学部一般入試合計 3・2倍、音楽学部2・8倍と定員割れどころか入学志願者はむしろ多い。

偏差値も入試倍率も東京藝術大学には及ばないものの、美術系大学としては高いほうだ。

そもその芸術系大学は郊外にある方が多く、街なかにあるのは東京藝大などごく一部だ。愛知県立芸術大学は長久手市の郊外、東京でも多摩美術大学は郊外の八王子市（上野毛もあり）、武蔵野美術大学も小平市といずれも中心地の街なかではない。さらに東北芸術工科大学は山形駅からバスで20分、長岡造形大学も新潟の長岡駅からバス15分という「悪立地」ながら、倍率も偏差値も高い。一方、公立で最も立地がよい浜松駅徒歩15分の静岡文化芸術大学は、「立地が悪い」京都市立芸大よりも倍率は低い。

要するに、芸術系大学は立地によって入学希望者数が左右される可能性は少ないということだ。入学希望者を集めるための移転は不必要であると言わざるを得ない。

無責任な移転計画が市民を置き去りにして勝手に進んでいくのは、この大学が市立の公立大学だから、という側面がある。

公立大学は独立行政法人に移行したものの、自治体からしか借り入れができず、基本的に、公立の動物園などと同じく自治体の下部組織だという位置づけで、教育方針は自立しているものの、金銭的には自治体丸抱えという発想が学内にも強い。国立大学が自ら研究費や寄付を集め、自ら経営努力をしている姿と比べると対照的だ。

芸術大学の学内審議をみても、移転費用についての問題意識は稀薄で、基本的に京都市に任せっきりになっているころがうかがえる。２０１０年（平成22年）に移転計画が浮上したときから、京都市所有の公有地（崇仁、山之内、小学校跡地など）をピックアップし、「この中のどこを使おうか」という議論からスタートしている。まるで「京都市のモノは大学のモノ」という意識である。

市立芸大の流動資産はたった6億円しかない。私は以前、当時の鷲田清一学長に「移転費用はどうやって捻出するのか」と尋ねたが、「寄付を集めること以外は考えていない」とのことだった。「借り入れを最小限に留めるために資産を売却しては」といった意識も議論もないのだ。

私は、京都市立芸大の沓掛移転を40年前にまとめ上げた山﨑脩名誉教授を訪ねた。

「京都市は今、財政危機ではないのか。そんな財務状況で移転計画が出てくること自体が理解できない。金のことを考えずに好きなことばかり言っているという印象だ。前回の移転のときはとにかく財源確保が最大の焦点だった。予算への意識がなさすぎる。仮にそんな予算があるなら、大学運営や教材に補助をしてもらいたい」

山崎名誉教授は怒りをあらわにした。
実際、京都市は予算委員会の審議で「財源確保はできていない」と明言しているのだ。

京都駅前の土地利用はなぜ「芸大一択」なのか

地区住民のアンケートによると、「芸大の移転で街が活性化する」と答えた人は20％で、地域の期待値は低い。逆に「どんな施設が欲しいか」という設問に対しては、医療施設１４７、商業施設１０５、住居47、観光施設43、大学等文化施設36という回答で、はやり大学ニーズは低い。

前述したように京都市のオフィス不足、住宅費の高騰は深刻化している。働く場がなく、住居費が高い市内から、若い世代はつぎつぎに市外に「逃避」しているのだ。

この問題の解決に、駅前再開発は一役買えるはずだ。たとえば、東京駅の丸の内地区は不足するオフィス面積の解消に大きく寄与し、地区内に26万人の雇用を抱えている。大阪の梅田北ヤードにに建設された「グランフロント大阪」は、オフィス・商業施設・

ホテルの複合施設で経済効果は1000億円ともいわれている。

京都駅前の再開発によってこうした効果が期待できるのはもちろん、新交通の拠点・新駅建設はこの地でしかできない。まさに京都が生まれ変わるチャンスなのだ。

このエリアは2万人分のオフィスと研究機関や年間客数2000万人の商業施設(「イオン京都」の約2倍)のほか、1日10万人が利用する駅(地下鉄四条程度)の建設も可能な立地だ。

京都市はオフィス面積の不足だけではなく、企業を集積する機能も弱い。誘致するなら研究機関やソフト系のハイテク企業が効果的だといわれるが、集積地として考えるなら、東京のオフィスともドア・ツー・ドアで2時間半を切る京都駅側しかない。もっと分かりやすく言えば、新駅はもちろんのこと、〝グランフロント京都〟や〝京都ヒルズ〟のような施設をつくれる唯一無二の土地だということを再認識しなければならない。

ところが京都市は「芸大一択」で、具体的な議論を何もしてきていない。

2010年(平成22年)に市立芸大の移転計画が本格化し、2011年(平成23年)にかけて崇仁が有力候補地に浮上、それに連動して下京基本計画に大学の文字がそっと刷り込まれ、さらに「京プラン実施計画」にさりげなく具体案が盛り込まれた。常に市立芸大の移転ありきで議論は進み、それ以外の利用方法を検討してこなかった。京都駅前という稀少立地の土地利用の検討プロセスとしては、まったく不適切と言わざるを得ない。

都市は観光客のものではなく市民のもの

門川市長は文化、観光をキーワードに都市経営を推進しており、その象徴として市立芸大移転を結実させたい思いが強い。しかし文化を醸成させる以前に、市長には京都市民147万人を養う義務がある。

京都市はひなびた田舎の歴史都市ではない。ときどき訪れる観光だけでのんびり食べていけるスローライフの暮らしを目指せばいいじゃないか、という街でもない。

都市には経済力が必要で、文化の醸成にも経済力が求められる。ルネサンス期、メディチ家がなければダ・ヴィンチもミケランジェロも歴史に残る業績を残すことはできなかったはずだ。

寄進がなければ神社仏閣は維持・改修さえできない。芸術家がいくら優れた作品を作っても、文化はそれを評価して高額でも買う人がいてこそ育まれる。いつの時代も芸術家や職人の才能や努力、そして文化を支えたのは経済だ。経済は文化を育て、文化は新たな教育を生む。中世のフィレンツェの徒弟制度もそうであったし、前述した京都の「番組小学校」も同様だったと思う。経済力あってこそ、文化は継承される。経済都市としての機能を生かしつつ文化学術都市をつくることが肝要なのだ。

住民不在の文化政策優先を推し進めたひずみが今、京都では顕著になりつつある。文化や観光の発展を考えるのなら、まず街の経済力、つまり住むところ、働くところなのだ。都市の住民生活を最優先することこそ、自治体としての責務ではないだろうか。

「都市は誰のものか」という議論がある。長年京都で培われた歴史や文化は言うまでもなく、今を生きる京都市民だけのものではない。日本の、また世界の宝といっても過言ではない。京都という都市を訪れ、その文化を感じることは世界中の人に開かれたものであるべきだ。しかし、博物館が国宝を劣化から守るために鑑賞を制限するのと同じように、京都も都市を守らなくてはならない。

そのすべての基盤になるのは、観光客ではなく市民だ。

都市は市民のものである。市民あっての都市であって、都市あっての市民ではない。

小泉政権のビジット・ジャパン・キャンペーン以降、全力で観光誘致を行ってきた京都市の選択が間違っていたわけではない。観光客がこれだけ増えたことも、本当に良かったと思っている。

私自身が2013年（平成25年）に結党した地域政党京都党も、党の基幹政策に「外国人宿泊客500万人の達成」を掲げ、さまざまなインバウンド政策の提言も行ってきた。外国人宿泊客が100万人にも満たなかった当時、500万人などあり得ないと言われたが、450万人をすでに突破し、500万人の達成は目前だ。

しかし、既述したように、京都市の観光公害への対策は遅きに失した感がある。明らかに、変化のスピードについていけなかったのだ。

私は2016年（平成28年）の欧州への視察を皮切りに、観光に対する市民不満が急激に高まるリスクを議会で唱えてきたが、インバウンドに盛り上がる市長の耳には入らなかったようだ。事実、市長は宿泊税も、新たな財源確保という一側面からしか捉えていなかったように感じている。

京都市にはまだ観光客を受け入れる余地がある。しかし、今のままで受け入れることは不可能だし、逆に国内観光客から敬遠され始めている実態を見れば、増やすこと自体容易なことではない。

今なすべきは、空気が薄くなってきた7合目でいったん山登りをやめ、高山病対策のため山に慣れ、次の山に登るための入念な準備をする時間と心得るべきだ。

これ以上、市民の観光客アレルギーが増大すると、観光都市として苦境に陥る。いや、すでに陥りつつある。この警鐘を「まだ大丈夫」とするか、「深刻な事態」とするかによって、これからの京都は大きく変わる。今すぐに、ありとあらゆる手を講じ、受け入れ体制を整え直し、市民と観光客が共生できる都市づくりをなすべきだ。

第10章 京都市の深刻な財政危機

中国の「ゼロドル観光」に悩む各国の観光地

京都市が観光によって滅ぼされる危機について書いてきたが、もうひとつ、京都市を滅ぼしかねない大きな課題がある。

歴史遺産という含み資産については全国屈指といえる京都市だが、最大のアキレス腱は「お金がない」ということだ。

これだけ観光客が来て、地方には珍しいぐらい大企業が集まっているのだから、さぞ豊かな都市なのだろうと思われがちだが、これは完全に誤解だ。観光行政の現場で「観光客数の伸びと税収の伸びはまったく比例しない」というのは常識である。税収どころか地元に金が落ちているかどうかもかなり怪しい。

その代表格が中国資本の「ゼロドル観光」だ。無料または超安価なパッケージツアーを組み、決められた土産物店がツアールートに組み込まれ、土産物店にお金を落とさせ、そこからのコミッションで成り立つパック旅行である。

我々日本人が利用する海外の格安パッケージツアーにでも同じようなものがあるのは

ご存じだろう。ツアーには宝石店やシルクショップ、土産物屋などが組み込まれ、やたら流暢な日本語で接客されてさまざまな商品を勧められ、長時間足止めされるケースだ。

これは、海外ではごく一般的なツアースタイルだ。日本のツアーの場合、現地法人のツアー会社にそれらを委託するケースが多く、契約店舗からのキックバックがあるのは同様でも、通常以上に高額な価格で販売することを禁止しているケースが多い。しかし中国からの日本旅行では中国人人脈がフルに使われ、明らかに高額に販売する手法をとっているので、その分タチが悪い。商品が高額だということは、旅行代理店へのキックバックも大きいということだ。観光客はツアーに組み込まれた店だけで買い物をさせられ、代理店はそれ以外での買い物の時間を買い物客にほとんど与えない。つまりお金は代理店と特定の店だけにしか落ちないのだ。

横行する中国旅行会社によるゼロドル観光には各国も頭を悩ませており、タイ政府やベトナム政府はゼロドル観光に関連する土産物店やツアー会社を厳しく規制している。

２０１８年７月にタイ・プーケット沖で観光船の転覆事故が起き、40人以上が犠牲になったが、プラウィット副首相は「転覆事故は暴風雨の警告を無視して出港した零元団

（ゼロドルツアーを主催した中国の旅行会社）の自己責任。ツアー会社も船会社も中国系でタイの観光業界とは何ら関係ない」と厳しく批判し、大きなニュースになったが、背景にはゼロドルツアーの悪質さが問題視されていたことが大きい。当の中国政府ですら、香港とマカオでゼロドルツアーを禁止した。

中国人が運営するウェブサイトで客を集め、中国資本のホテル、中国人による白タク送迎、案内する店は中国資本が経営する土産物店や飲食店、決済はすべてウィーチャットペイなどの電子決済を使いスマホ上ですべてが行われる。彼らは寺社でお賽銭も入れず、まったくお金が地元に還元されないという。

ほかにも、地元にお金が落ちない理由はいくつもある。

「爆買い」ブームが日本を席巻した時期があった。京都も同様だが、彼らが爆買いしたのは地元産品ではなく電化製品や日用品で、繁盛していたのはマツモトキヨシやココカラファインといったドラッグストアやビックカメラ、ヤマダ電機といった大手家電量販店、髙島屋、大丸といった大手百貨店だ。販売側もほとんどが東京資本、売ってる商品ももちろん京都のものではない。中国人が大量に購入した100均のダイソー商品などほとんどが中国製だ。こうして考えると観光消費額のうちどれぐらいが地元に還元されているかはかなり不明だ。大量に供給されたホテルも同様で、大半は東京資本や海外資本で、京都で稼いで東京や自国へその利益を持って帰るという仕組みだ。

土産物は例外だろうと思われる方も多いと思うが、これまた地元かどうか怪しい。地域活性化のスペシャリスト・藻谷浩介氏は京都についてこう嘆いていた。

「観光客にいくら土産物が売れても、そのお金は京都から出ていくんだからどうしようもないですよ。そもそも、京都の土産物の原材料のどれほどが京都産でしょうか。京都の材料を使って、京都で人件費を使って生産されて、それが売れて初めて街は潤います。それなのに丹波大納言を使わず、特選十勝産小豆使用などと謳って京菓子を売っている。これでは地域が潤うはずはありません」

実に本質を突いていると思う。これは、京都だけに限らず日本全国の観光地でも同じことだ。藻谷氏は続ける。

「ニセコに酒まんじゅうというのがありますが、これは粉も餡も酒もすべてニセコ産。売れれば全部ニセコにお金が落ちる。京都はフィレンツェと姉妹都市ですが、イタリアでも同じ。イタリアでイタリア料理を食べれば、オリーブオイルもパスタもチーズも全部イタリア産です。そしてイタリア料理に魅せられた人たちは帰国してからもイタリア産のパスタを食べて、イタリアのチーズはうまかったなあ、とイタリア産のモッツァレラチーズを購入する。こうして初めて観光はいろいろな所へ波及していくのです」

加えて観光だけでは豊かになれない理由のひとつに、観光産業は非正規雇用が多いという点もある。

門川市長は『日経ビジネス』（２０１６年5月9日号）の編集長インタビューで「京都では観光がとても活況なのに市の税収はまったく伸びていません。その理由は宿泊施設や飲食店といった観光業で働く人の75％が非正規雇用であることと無関係ではないと考えています。製造業は非正規雇用比率が30％です。観光業の非正規雇用の比率がこのままだと、持続可能な産業ではなくなる気がします。観光は京都にとって基幹産業でもありますから何とかしなければならない」と述べている。

この発言は半分事実だが、半分間違っている。なぜなら観光産業とは、そもそも非正規を多く生み出す産業構造だからだ。観光産業の中核を担うホテルにしても、一番忙しいのは客がチェックアウトした9時～10時から、チェックインが始まる14時～15時までのベッドメイク業務だ。ベッドメイクに従事するのは、パートタイマーの主婦などが中心となる。閑散期と繁忙期の差が少なくなった京都だが、本来観光産業はこうした季節間格差が大きい。ひと昔前、首都圏の大学生の夏休みと冬休みといえば、リゾートバイトが大流行だった。冬はスキー場、夏は上高地やビーチでバイトに明け暮れたものだ。スキー場やビーチに通年のスタッフは必要ない。ハイシーズンにのみ、アルバイトを雇うシステムが観光産業の宿命とも言える。

「観光客が多い＝潤っている」というのは、必ずしも正しい認識ではないということだ。しかし、京都の状況が深刻な理由はもっと別のところにある。

ここからは、多角的に京都市の財政がいかに脆弱なものかを明らかにしたい。

地方自治体の「黒字」はあてにならない

京都市の決算状況から見ていこう。決算額は２０１５年度（平成27年度）９億円、２

016年度（平成28年度）5億円、2017年度（平成29年度）4億円と、毎年黒字を維持している。これは京都市が発行する「市民しんぶん」などにも大々的に掲載され、「京都市の財政は大丈夫！」と喧伝されている。確かに、自治体の収支は「とんとんまたはちょっと黒字」が理想とされており、そういう意味では理想的な数字となっている。

形式的に言えば、「お預かりした税金はちょうどいい額で、ほぼ毎年使い切っています」という格好だが、地方自治の「黒字」ほどいい加減なものはない。一般家庭なら、生活費を借り入れしている時点で家計赤字ということだが、行政は借り入れをしようが、無理やりどこからかお金をひねり出そうが、それは収入に計上され、収支さえ合えば黒字になるからだ。

問題は、どのようにして決算の中身がつくられたのかということだ。

予算不足369億円からのスタート

予算編成の骨格が決まるのは10月頃だといわれているが、毎年その頃に議会に報告されるのが、次年度の予算の見通しだ。そして、近年京都市では、その見通しの中で、予算が足りないという報告が上がってくる。２０１９年度（平成31年度）の予算不足は３６９億円だった。このままいけば、３６９億円の赤字ということになる。

「まいったな～。足りないじゃないか。なんとかしなきゃだな～～」

そこから、行政の錬金術が始まる。

今年度の「不足を補う取り組み」は以下の通りだ。
・財政構造改革によって72億円↓これはまともな取り組み
・特別会計繰出金の減・投機的経費の抑制により70億円↓工事の後ろ倒しなど場当たり的対策
・その他歳出の精査・財源確保により67億円↓積立金を崩す、借金返済を遅らせるなど
・臨時交付金の予算計上により13億円↓国から追加で貰えるラッキーなお金
・財政調整基金の取り崩しにより19億円↓貯金の全額取り崩し
・公債償還基金の取り崩しにより65億円↓借金返済原資の取り崩し
・行政改革推進債により63億円↓借金

ほとんどの予算捻出方法が、財産の食いつぶしとツケの先送りだ。

貯金ゼロの街、京都

さらに、家計にたとえて詳しく見ていこう。

皆さんならお金が足りないとき、どうするだろう？　まず思いつくのは、貯金を取り崩して使おうということだろう。行政も同じで、多少の不足なら貯金を取り崩せば解決する。しかし、京都市はこの貯金がほぼゼロだ。２０１６年度（平成28年度）は底を尽き、その後少しだけ貯金したものの、手元には十数億円しか残っておらず、ほぼゼロ状態が続いている。ちなみに政令指定都市の中で、「貯金ゼロ」というのは、全国的にみてもごく稀で、まさに最低の状況だ。

通常は、京都市程度の規模なら３００億円ぐらいの貯金があるのが妥当だとされており、とんでもない状況と言っていい。ちなみにお隣の大阪市は１６３０億円と橋下市長の改革の成果が如実に表れている。

この貯金の性質について説明しておこう。行政の歳入は毎年景気の動向などに左右され、当然予測通りにはいかない。景気がよければ、想定以上に収入が増え、大きく黒字になる。逆にリーマンショック級の不景気の波が来ると大幅に赤字になる。また、大きな天災などに見舞われたとき急な出費がかさみ赤字になる。それを平準化するために、黒字になったときにコツコツと貯金をし、赤字になりそうなときに使うという仕組みになっている。

要は、景気の調整やいざというときの資金として、貯金が存在するわけだ。これを使い切ったということは何を意味するのか。

いざというときにお金が使えず、しかも先人が積み立てたお金を食いつぶしてしまったということだ。

ちなみに、我々が問題視しているのは、使い切った理由だ。貯金を使い切ると確かに今後の財政運営は厳しくなるのだが、必ずしも「使い切る＝悪」ということではない。これまでも、東北大震災で福島市は貯金を使い切ったし、一昨年は想定外の大雪で除雪費用がかさみ、福井市も貯金が底をついた。しかし、これは貯金を使い切る理由としては十分だ。

京都市の場合は違う。大きな天災があったわけでも、事故があったわけでもない。ただ、生活費の補塡に使ってしまったのだからニートと同じで、この無計画さこそが、京都の財政危機を招いている原因だ。

マジでヤバい京都市の自転車操業

もっと恐ろしい現実がある。

京都市は、借金の返済原資を使い込みまくっているという話だ。行政の借金というのは少々特殊で、満期一括返済が原則になっている。つまり、返済期日がやってきたら、そのときに全額返済するというもので、毎月のローン返済のようなものはない。したがって、財務担当者は、返済期日に備え、計画的に資金を積み立てなければならない。これが、公債償還基金といわれるものだ。

どの自治体も山盛り借金をしているので、毎年なんらかの借金が満期になって返済を迫られる。これを上手に切り盛りするのが財務担当者の腕の見せどころというわけだ。しかし、京都市はこの返済のために積み立てている貯金を予算に組み込む、という禁断の錬金術を繰り返している。これは多重債務者の「今日は△△ローンの返済日、明日は○×クレジットの返済日、来週は□□ローンの返済日…とりあえず□□ローンは来週なので、その返済分は今週の生活費に使ってしまおう。で、今週末に××ローンから借りれば大丈夫」という自転車操業に似ている。絶対にやってはならない財務手法である。

　これが、目に見えない「ツケの先送り」なのだ。そして、目に見えない分悪質だといえる。将来の返済分を今使っているのだから、次世代の返済は重くなる一方だ。「この手法は1日も早くやめたい」と京都市側は言うが、やめる気配はまったくない。これはマジでヤバい。

負担の先送りワースト3

　さて、上記の使い込みとは別に正規の借金についても触れておこう。借金をすればするほど、将来への負担は大きくなる。これが、大きくなりすぎると夕張のように財政再生団体に指定され、事実上破綻する。自治体が将来支払う負担の残高を指標した将来負担比率という数字があるが、これは、一般的には破綻危険度といった表現で用いられることがある。現在、600%を超える夕張市を除くと、破綻水準に近い自治体はないが、ついに京都市は2015年度（平成27年度）、2016年（28年度）と2年連続夕張市に次いで破綻危険度ワースト2位となった。

ちなみに、昨今ふるさと納税の大盤振る舞いで話題になった泉佐野市（大阪府）は2008年度（平成20年）から早期健全化基準を上回る393%となり、遊休資産の売却などを進め、2013年（平成25年）には早期健全化団体から脱却したものの、未だにワースト10の常連になっている。総務省と対立してふるさと納税で全国の寄付を集め続けた裏には、そうした危機迫る財政危機があったことを付け加えておきたい。

また、政令指定都市が軒並み財政状態が悪いことを意外に感じるかもしれないが、これは政令指定都市のほうが一般市よりも借金しやすいためだ。地方自治体は借金に対する自由度が低く、むやみに借り入れができない仕組みにしている。ただ一般市に比べ、裁量権の大きい政令指定都市は借り入れがしやすく、ある意味で負の領域にも踏み込めるため、財政状況が悪いところが多い。

行政改革推進債という悪魔のささやき

そんな政令指定都市でも余り積極的に活用しないのが、行政改革推進債だ。行革を推進するための借金と名前だけ聞くと、いいような感じがしなくもないが、騙《だま》されてはいけない。これは、「悪魔のささやき」だ。

たとえば行革として職員を100人削減して6億円の削減に成功したとすると、5年で30億円が削減できる計算になる。行革推進債というのは、「この30億円で借金の返済ができるから、さらに30億円を借りてもよい」という、わけのわからない借金制度なのだ。しかも返還は30年後。償還期限が長いのも、行政にとっては大きな魅力だ。

しかし、少し考えるとおかしいことにすぐ気がつくはずだ。これは削減効果すらも先食いしてしまうという恐ろしい制度なのだ。せっかく改革をやったはずなのに、それと引き換えにさらに借金をする。しかも、怪しいのは、行政改革の削減額の算出方法が極めてあいまいだということだ。各自治体で、行革効果がＰＲされるが、厳格なルールはない。とてもざっくりしている。

前述の例でいえば、確かに職員を１００人削減して６億円削減できるのは事実だが、人手が足りなくなり業務を民間に委託すれば委託費が発生する。コンピューターシステムを導入すれば巨額な導入費用がかかる。これらを差し引きすると「本当の削減額」はほとんどなかったりする。

さらに酷《ひど》いのは、削減の結果業務に支障が出て翌年再び増員したとしても、すでに借金はしてしまっているので、どうしようもないということだ。

極めて無責任だが、錬金術としては非常によくできている。

そもそも、行政の借金には2種類ある。建設国債と、赤字国債である。

建設国債は、何かを建設する目的で借り入れをする借金だ。道路は将来にわたって利用するので、今生きている人だけが費用を負担するのは公平とはいえない。将来利用する人にも負担してもらおうというのがこの借金だ。借金としては公平でまともな借金とされている。ご家庭でいうところの住宅ローンといったところだ。国はもちろん、地方の借金はほとんどがこれにあたる。

一方、赤字国債は悪質だ。国の借金もこれが増えてきたことが大きな問題になっている。こちらは日々の生活費が足りなくて借金をするという悪循環の始まりのような借金なので、原則的にはやってはいけないと言われており、そもそも地方自治体では認められていない。

ただ、例外がある。その例外が行政改革推進債なのだ。これは現在と将来の負担を公平にするものではなく、日々の生活費のために借り入れをしているのだから、その点で赤字地方債なのだ。

だからこそ、大半の自治体は「借り入れ可能」であっても、恐ろしすぎて手を出さない。逆に言えば、この行政改革推進債を活用している自治体はそれだけで、すでに十分ヤバいということだ。京都市はここ数年ずっとこの借り入れを続けている。

自治体の借金がさっぱり減らないワケ

京都市は全国的にみても突出して財政状況が悪いが、実はどこの自治体も借金が減らなくて困っている。構造的に借金が減らない仕組みになっており、その元凶はなんと国にある。

今、国は自治体に対して信じられないほど無責任な言動を繰り返している。

自治体の予算の柱は、国庫支出金、市税収入、地方交付税の3つだ。

国庫支出金は、国が指示する事業を国のお金で行うためのもの、つまり国の代理で業務を遂行すタイプのもので、義務教育や生活保護費の支給などがこれにあたる。

それに対して、比較的自由に使える予算が市税収入と地方交付税にあたる。市税収入は個人・法人の市民税、固定資産税が主力だ。京都市は観光客が来て潤っていると思われているが、その効果はほとんどない。市民税は所得税などと違い、収入や利益が増えてもそれ程大きく税収が増えないからだ。最も大きな収入源である固定資産税も、面積の多くを占める神社仏閣、大学は非課税で、一般家屋も評価額が低い木造住宅が多いため他都市より少ない。そのためよく財政基盤が弱いと言われるのだが、問題はそこではない。最後の地方交付税というやつだ。

地方交付税は、市税などの独自の収入が少ない自治体に補填する制度で、これを貰わない自治体は不交付団体といい、自立した豊かな自治体といわれている。東京などがその代表選手だ。ほとんどの自治体は、この地方交付税を貰わないとやっていけないのだが、この交付税の配分が２００１年（平成13年）からおかしなことになっている。

国も財政が逼迫し、地方交付税の支払いが苦しくなった。そこで、国は一計を案じた。

国「国の財政も厳しい。できれば交付税は全額払いたいところだが、今年は1割減にする」

地方「ちょっと待ってくれ。それじゃ、予算が組めないじゃないか」

国「そうだよな。じゃあ、いったん足らない分を借り入れしておいてくれないか。後で必ず払うから。本来なら国で借りて払うべきなのだろうが、国の借金も多いのでそうしてほしい」

地方「借金してもいいんですか？」

国「これは国のせいだから、もちろん認める。我々の手で必ず残りは払う。これは臨時の財政対策なので、臨時財政対策債と名付けよう」

地方「必ず払ってくださいね。あくまで臨時ですよね？」

国「もちろんです」

こうして、地方交付税の交付金が9、臨時財政対策債1という割合で、実質的に地方交付税交付金が減額され、謎の借金が始まった。この臨時財政対策債が超くせもので、臨時は終わるどころか、2001年（平成13年）以降ずっと増え続け、9：1どころか、6：4ぐらいの比率にまで拡大を続けている。

京都市の場合でいうと、2000年（平成12年）に1148億円交付されていた地方交付税は、今や534億円（平成29年度）と半分以下、それに臨時財政対策債が372億円という半分近くが謎の借り入れという構図になっている。臨時財政対策債の比率が増えてるのみならず、じわじわと総額が減り続けている。確かに後になって返済分を国が支給してくれるのだが、本当に返済分が支払われているかはもはっきりしない。実は国からのお金には明細というものがなく、したがって、国が払ったと言えば払ってもらったことになるし、ほかの予算を減らして返済分に回すことも国の裁量なのでなんとでもなってしまうのだ。国ぐるみの自転車操業をいつまで続けるのかと理解に苦しむ。

しかも、最近ではこの臨時財政対策債もしっかり予算書に計上するようになっているが、以前は「あくまで国の立て替え的借金だから」と、自治体は自らの借金として計上すらしていなかった。

どこの地方自治体も借金を減らすことに躍起になっているが、このせいで永遠に借金は減らず、交付金は年々減らされ、行政改革をやってもやっても、一向に好転しないという悪循環に悩まされている。しかも、交付金は、あくまで市税収入の補填という側面が強いので、都市が頑張って市税収入をアップさせても、アップさせた分の交付金が減らされる（厳密には1増えると4分の3減額）。これは、働くと減らされる生活保護費の支給によく似ている。

「バカげてる！」と歯を食いしばり、「臨時財政対策債などという借金はやめる！」と宣言することは可能だが、将来的に返済分が国からもらえなくなるだけなので、結局損をするということになる。

こうした状況の危機感から地方自治体は自らの借金を減らす努力を続けており、京都市でも少しずつ自らの借金は減らしているが、臨時財政対策債がどんどん膨れ上がり、トータルの借金は増え続けている。ちなみに臨時財政対策債が始まった2001年（平成13年）1兆円弱の借金が2017年度（平成29年度）には8600億円に減ったが、臨時財政対策債が4400億円増え、トータルで1兆3000億円を突破している。

我々はせめて合計の借り入れが増えないように舵取りをする必要があると主張している。

年々国からの交付金は減らさせる。借金は押し付けられる。なんとかしようと努力すれば、これまた交付金が減らされる。一方で、社会福祉経費は増え続ける。正直どうしようもない状態なのだ。

地方財政は本当にヤバい状態にある。その中にあって特別悪いのがこの京都だ。

国に大きく振り回される地方財政だが、だからこそ、それでもなお、しっかり自立できる財政構造の確立を急がない限り京都市はじわじわ沈み続ける。

第11章

自治体財政再生の処方箋

予算編成そのものを見直せ！

「行財政改革」とは聞き飽きた表現だ。政治は行き詰まると常に「改革」を叫び、行政の体制が悪い、公務員が悪いと行財政改革に着手する。かく言う我々も行財政改革を旗印に活動をしてきた。だからこそ、行財政改革の本質がよくわかる。

ひと言で行財政改革と言っても、時代とともに求められるものはその都度変わる。正確には行政改革は行政の組織や機能を改革することである。行財政改革は、財政面での経費削減と効率性とともに、行政サービスの質を向上させることを目的として行われるものである。

バブル崩壊後、企業もスリム化と人員整理を中心にコスト削減が叫ばれた。これまでコスト意識が極めて希薄で、あまりに無駄が多かった行政も財政難のあおりと行政バッシングを受け、どこも似たような行革を実施した。一番は職員の削減だ。

私自身、無駄の排除とコスト削減に遮二無二取り組んできたが、そうした改革の時代は終わりを告げつつある。それは、まだまだ雑巾は絞れる状況ではあるものの、一定のスリム化が進んできた証しとも言える。今求められているのは、なぜお金がないのかという根源的問題を解決することである。あたりまえのことだが、お金は使えばなくなるものだ。だからこそ、年間収入100万円の自治体も、1億円の自治体も、それぞれ身の丈に合った予算を組むのだ。ところが、予算というのは一度つくとそのまま継続される傾向が強く、しかも拡大しがちだ。実は今一番問題なのは、予算に対する考え方なのだ。

お金が足りなくなる最大の理由は、「いくら使えるか」よりも「何に使いたいか」が優先されるせいだ。予算編成は、まず各部署から来年度使いたい項目と金額を挙げる概算要求から始まる。この時点で、各部署の予算要求をすべて足すと大幅に予算を上回る。ここから削る作業が始まるのだが、京都の場合、毎度削り切れないまま予算不足状態に陥り、結局「予算不足なのだからやむを得ない」と、さまざまな錬金術が繰り広げられる。

「予算が足りない」というのは執行部の判断に過ぎない。この時点で、予算内で予算を組んでいれば予算不足などには陥らないのだ。財政状況のよしあしは、執行部の予算に対する考え方で決まるといってもよい。大阪府では橋下知事がこうした従来の考え方を一掃し、予算の範囲内で予算を組むように切り替えた。政令指定都市で最も財政状況がいいのは浜松市だが、浜松市もまたこうした考え方を徹底している。今、一番求められる財政再建策は、こうした根本的な予算の組み方を見直すということにある。

行政マンに行革はできない

予算の編成の仕方を変えろと言うと、役所は必ず「必要ない事業などひとつもない」と主張する。単純に考えて、事業を3割減らして、事業の予算を3割カットすれば今の約半分の予算で運営することができるのだが「どれも大事で減らせない」と言うのが行政マンの常だ。行政マンはとかく前例主義でリスクを取らない。厳密に言えばリスクを取るべき立場にないのだ。与えられたルールの下、与えられた業務を大過なく遂行することが望まれる。いい悪いでなく、彼らはルールを厳格に守り遂行するプロであり、それを変えるのは政治の役割だ。だから、そんな執行側の人間がつぎつぎと新たなルール（法）をつくり出すことには不向きなのだ。だからこそ、大ナタを振るえる政治家が時に必要なのだ。

つくるのは簡単だが、減らすのは難しいのは世の常である。しかし、そうもいっていられない状況下で、歳出のルールをつくっていかねばならない。

行政の仕事は、おおむね次の3つに大別できる。
①絶対やらねばならないもの（ごみ処理、義務教育、災害対策など）
②できる限りやらねばならないもの（リサイクルの促進、学力の引き上げ、防災対策など）
③余裕があればやればいいもの（水素自動車の普及活動、遊具の充実、備蓄品の充実など）
①②は何とか維持すべきだが、③の「余裕があればやればいいもの」とは、要するに「やらなくても支障がないもの」だ。私はこういうものを整理するとき、公務員の給与カットが実に有効だと思っている。京都市も一時的に財政が悪化したとき給与カットを実施したが、財政が好転するのを待つこともなく給与カットは早々に撤回された。しかし、財政再建を進めている自治体は状況が好転するまで根気強く給与カットを続けてい

る。給与カットは削減額以上のシナジー効果を生む。給与カットを続けると、否応なく職員には財政に対する危機意識と、財政再建をやらねばという意識が高まる。自分たちの給与を削ってでもやるべきだと思った事業はやればいいし、給与カットが嫌なら、削れるものを削って健全財政をすべきだという自然な流れができ上がりやすい。

徹底した子育て支援で注目され、着実に人口を増やし続けている明石市（兵庫県）の泉房穂市長は、職員に「子育て予算がつくれないなら、職員の給与カットをする」と宣言した。職員は見事に予算を捻出したという。市長は「お金がないなんてことはない。お金は絶対にある。お金がないというのは職員の言い訳にすぎない」と断言する。

いずれにせよ、上記で述べたような事業の再整理を進めることで予算内での予算編成をすることが急務なのである。

借金をやめるという発想

京都党の基幹政策に「無借金都市を目指す」という考え方がある。最近のＭＭＴ理論とは対極的な考え方だが、自治体が借金をしてモノをつくるという時代は終わったと考えている。

借金というのは、必ずしも悪いものではない。これまで高度経済成長時代の借金は極めて正しい判断だったと思うし、借金がうまく機能した時代だと思う。しかし、今は違う。

借金に向いている時代というのは、人口が増え続け、経済が成長している時代だ。人にたとえるなら20代、30代の若者が住宅ローンで家を建てるのに似ている。「今はお金がないが、ローンを組んで将来にわたって住む家を買う」というのは正しい借金だ。

借金というのは、経済が成長しているときは得をする。物価が上昇し続けるので、借金は自然と小さくなる。初任給1万円の時代に借りた1万円を初任給10万円の時代に返すなら、実態は10分の1になる。当然返済は楽だ。人口が増える時代の借金もいい。借金をして道路をつくっても、道路を使う人や、返済するお金を稼いでくれる人がどんどん増える時代なら負担感は小さくなる。

こういう時代は行政はどんどん借金をして、公共投資をするべきだ。しかし今は、逆立ちをしても人口は減少するし、インフレが起きる兆しもない。そんな時代に借金を膨らませるのは、老人が無責任にどんどんローンを組みまくっている状態に等しい。京都市の借金は最近でこそ247億円（平成30年度決算）にまで減ってきたが、長年毎年500億円近い金利を負担し、平成に入ってからの金利の支払いの合計は1兆5000億円を超える。わかりやすく言えば、毎年スカイツリー1本分の建設費にあたる400億円の金利を払い、平成の30年間で瀬戸大橋の建設費1兆2000億円以上の金利を支払っている。金利という何も生み出さないモノに税金が消えていくのである。

では、どうすればいいのか。基本的には借金をしないことだ。京都市でも市役所建替えに300億円の積み立てをして、その資金で建て替えをしようとしたことがある。当時の桝本頼兼市長は、財政再建に対し明確な意思を持っていた。しかし、市長が変わり、毎年の予算不足が顕著になる中で、積み立てていた建て替え資金を使い切り、結局全額借金で建設する羽目になってしまった。京都市は、こうした積み立てをするという考え方を完全に放棄してしまった。

一方、将来負担比率ゼロという理想的な政令指定都市・浜松市はこうした積み立てでモノを作るという考え方が徹底している。とにかく返済よりも借り入れを少なくして、市民1人当たりの借金残高をいくらにするという明確な目標を立てて実行している。その成果は着実に現れ、今や市民1人当たりの借金は33万円と政令指定都市の最低レベルに引き下げられた（ちなみに京都市はワースト2位で90万円）。２０００あった公共施設を7年で４３９施設を削減し、市民1人当たりの人件費を18％引き下げるために職員を減らし給与を下げ、毎年予算の３％近い額を積み立て、身の丈に合った予算へ圧縮してきている。すべてはリーダーの覚悟と明確な目標によって、借金はゼロに近い額まで圧縮されてきている。

　また、ハコモノなどは民間に建てさせて借りるという手法もある。東京都豊島区役所のように上層階をマンションとして売り出し、その資金で区役所の建て替え資金を賄うという手法もある。借金をせずに公共財を手に入れる手法だ。

　さまざま方法を駆使しながら、とにかく借金をしないことだ。必要なものは積み立てて、今を生きる我々の責任でつくる。減り続ける若者への将来負担にしてはならない。もちろん、ゼロにできるかといえば難しい。リニアのように将来的に採算のめどは立つが予算が莫大で、積み立てていると間に合わないようなものは借り入れに頼らざるを得ない。こうしたものは認めても、基本的には借金をしないという考えが大切なのである。

【歳入編】お金を生み出す仕組みをつくれ

使っていない自治体の土地はさっさと貸し出せ

財政を考えるとき、支出を見直すのは当然だが、収入を見直すことも同時に考えなければならない。自治体の収入は、基本的に税金、国からのお金、借金、手数料・利用料というのが基本だ。

国には当然予算を要求をし続けているが、これはなかなか増えない。むしろ減らさせる。借金はもちろん増やすべきではない。証明書等の発行手数料やさまざまな施設利用料、利用者負担の分担金など手数料・利用料も種々あるが、これもあまり増やすのはサービスを提供する側としていい選択肢ではない。ただ、ほかに収入を上げる手段がないわけではない。そんな中、各自治体ではやっているのは、広告収入だ。私は15年前からこうした広告収入を得るための提案を続けてきたこともあり、長年広告事業を見守ってきたが、今や区役所の封筒の広告、市民新聞の広告、バス広告といった広告から、施設の名前そのものを貸し出す命名権（ネーミングライツ）までさまざまな広告収入を得る手法を取るにまで至った。京都会館なる市民ホールはロームに命名権が売却され、「ロームシアター京都」となり、京都市美術館は「京セラ美術館」となった。

次に、市有財産の有効活用策だ。市民が思っている以上に、自治体は使われていない土地をたくさん所有している。縦割り行政の弊害で、事業が終了した土地を各局がいつまでも局管理として保有したままになっているものも多い。「いずれ何かに使うため」とただ持っているだけではなく、事業終了後の土地は市が一括して管理し、短期でも長期でもとにかく有効に貸し出して収入を得るべきだ。

私自身、これまでも使われていない市営住宅用地を短期的にコインパーキングとして貸し出すことや、塩漬け用地の売却などを提案し、いくつもそうした事例を生み出してきたが、ほかにも貸し出せる土地は山ほどあるし、売却すべき土地もたくさんある。遊休地は何も生み出さない。土地は活用されて初めて経済活動が行われたり、街の活力が生み出されたりするものだ。

行政のスピードはとてつもなく遅い。その上このあたりの金銭感覚がとりわけ欠如している。結果「とりあえず何に使えるかはわからないが、このまま置いておこう」というケースが多いのだ。破綻寸前の自治体という感覚はまったくない。いま一度、収入を得るためにどうすべきか、庁内一丸となって、早期決着に向け、知恵を絞り出す必要がある。以前、気になって「不要な土地はどれだけあるのか」と行政に問い合わせたが、「多すぎてわからない」という回答だった。

もちろん、これらで生まれる相当な売却益は「日々の生活費」ではなく、、膨大な金利が発生している借金の繰り上げ返済に使うことが望ましい。

法定外新税の導入を!

そして最後は税金の話だ。基本的に、行政の歳入のほとんどは税金によって賄われている。この税金部分を根源的に増やすことが一番重要だ。京都に合う企業を誘致し、可能な地域では規制緩和を進めて、安定的な収入につながる固定資産税を積極的に増やす努力をすべきだ。企業誘致は労働人口比率を高める副次的効果があり、とりわけ高齢化率が高い京都にとっては有効だ。労働人口の減少と高齢者の増加は街の活力が失われるだけでなく、著しく財政を悪化させる。基本的には元気な都市をつくるという観点での取り組み強化が必須だ。

もうひとつ、検討価値が高いのが法定外新税の導入だ。これは国が与えた数少ない地方自治体の裁量の部分で、総務大臣の許可など国が認めなければ実現しないものの、やらない手はない。自治体によって状況はまったく違うので知恵が必要だが、ここごそ行政の腕の見せ所である。世界を見渡せば、独身税やポテトチップス税、通信サービス税などユニークなものから、国内では頓挫したが泉佐野市では犬税なんてものも検討された。

私自身、京都市議会でギャンブル依存症の元凶となっているパチンコ店に対し、依存症対策の費用捻出を前提としたパチンコ税というような法定外新税の導入を提案したこともある。また、ペット税などもいいのではないかと思う。動物愛護の観点から、殺処分ゼロを目指すのは当然だが、そうした元凶になっているのは、ペットショップで子犬や子猫を見て衝動買いをする人が多いということだ。海外では6カ月未満の子犬、子猫は売ってはいけないという国も多く、アメリカのカリフォルニアあたりではそもそも保護犬以外は販売できないルールになっている。日本の法律で販売禁止は難しいが、子犬、子猫については一定の課税をし、その原資で猫の去勢手術や保護犬のサポート活動に使えるようにするのがいいと思う。

いずれにせよ、地域の課題解決に向けた法定外新税をうまく活用することは重要なポイントである

ふるさと納税、全国最低レベルの京都市

ふるさと納税は本当に「悪法」だと思う。郷土愛を大切にして、東京からふるさとへ

納税しようという当初の発想はよい。しかし、当初まったく振るわなかったふるさと納税は、返礼品競争へと姿を変えた。その時点で本来の理念は失われ、返礼品目的のただの「得するツール」と化してしまった。この時点でもはやこの制度は破綻している。

そもそも、A市に収められる1万円をB市に持っていって、5000円が返礼品になれば、A市は1万円損をして、B市は5000円得をする。でもトータルでは5000円分使える税金が減る。では損をした自治体は怒らないのか？　ここにこの制度の最悪のからくりがある。なんと、その減った分の75％は国が補塡をしてくれるのだ。結局2500円分は損をするのだが、この軽減措置が「それほどの損ではない」と、25％は損をしている自治体の感覚をマヒさせる。でもその補塡自体が税金なのだから困ったものだ。単に税金を返礼品に代えて還元しているだけならまだしも、この制度は高所得であればあるほど得をする制度になっている。年収2000万円クラスにもなると、控除上限額も上がるため「最近は肉や野菜など食料品など店で買ったことがない」と豪語する者もいる。累進課税だとか、弱者救済だとかいうものの、この制度は高所得者優位の還元セール（ばらまき）なわけで、なぜ弱者救済を謳う政党がこの制度に反対しないのか不思議で仕方がない。国も地方も財政が厳しいという中で、まったく謎の制度なのだ。

ふるさと納税日本一を2年連続で達成し、2019年（令和元年）からふるさと納税の対象自治体から外されるという意地悪をされている泉佐野市の千代松大耕市長が言うように、この制度は、特産品がない自治体にとって圧倒的な不利な制度になってしまっている。1次産業が中心の自治体はいいが、一般市民が利用しない工業製品を中心にした製造業の町はもやは勝つすべがない。それを打開しようとして取り組んだのが泉佐野市だが、さすがにやりすぎたようで、国の逆鱗に触れてしまった。

「地方は知恵を絞れ」と言って国がスタートしておきながら、必死で知恵を絞った自治体に対して、後出しじゃんけんのように「あれはだめ、これはだめ」と言いだしたのだ。金銭に変換できるポイントの返礼品はダメ、地元産品じゃないとダメ、3割を超えてはダメ、手数料や送料を入れて5割以下じゃないとダメ、とダメのオンパレード。だったら最初からそういう制度設計でつくるべきだったのに、後から後から禁止事項を増やして、総務省の意に沿わないと対象から外すという横暴ぶりだ。

しかも、混乱に拍車を掛けたのは、野田聖子総務相（当時）の「あくまで自治体の自主性に任せるべき」発言だ。この発言以降は前言撤回で「お咎《とが》めなし」。総務省の意向通り返礼品を変更した自治体はいい迷惑だった。そして野田大臣が退任したら「やっぱりダメ」ときた。ご都合主義にもほどがある。

そんなふるさと納税だが、京都市は常に入ってくる額より出ていく額が多い全国ワースト10の常連で完全な負け組だ。２０１７年度（平成29年度）はマイナス15億円、２０１８年度（平成30年度）はマイナス28億円、２０１９年度（令和元年度）はすでに39億円と、とんでもない額が流出している。

もちろん、制度上首都圏、大都市圏の納税を地方へ持っていくのが本旨なので、大都市圏は不利なのだが、ワースト10を見るとともにかく返礼品が圧倒的に弱い。京都市もその気になったら幾らでも魅力的な返礼品はつくり出せるはずだが、門川市長は「返礼品競争には参入しない」と断言する。

確かに、制度には問題が多いし、返礼品競争はいかがなものかと思う。しかし現状の取り組み方で、結果的に税収が他都市に流出し損をするのは他ならぬ京都市民だ。

市民が損をしないように、独自のふるさと納税対策は行うべきだと思う。やる気になれば、すぐに「ふるさと納税で得する自治体」側に回ることができるはずだ。

【歳出編】お金の使い方を変えよう

新しい時代の新しい節約術

歳出削減も時代とともに変わってきている。これまでになかった概念をどれだけ積極的に使いこなしていけるかが問われている。たとえば、未だに役所の手続きは役所へ赴き、手書きで書類を書かねばならない。電子化が進んでいる時代に手書きでしか申請ができないものなど銀行と役所ぐらいのものだ。さすがに銀行ですら電子化の波が押し寄せ、大リストラが始まっている。電子化が進むと人的パワーが大幅に削減される典型だ。行政もＡＩ、電子化に置き換えられる仕事は多い。

電子化に熱心な横浜市ではスマホで一年中保育園の入所状況がリアルタイムで確認で

きたり、ごみの捨て方をＬＩＮＥのようなアプリ、チャットワーク（Chatwork）で教えてくれる。チャット画面に「コップ」と入力すると「ガラス？プラスティック？」と表示され、何度かやり取りを繰り返すと、「燃やすゴミ」なのか「資源ゴミ」なのか、などがわかる。

苦情の窓口も、電子化すれば人的パワーがかなり軽減される。マイナンバーですべてを管理するようになれば徴税業務から市民窓口業務、保育園の申請まですべてがワンストップで可能になる。市民もわざわざ役所に行かなくても、たいていのことがスマホで完結する。業務の効率化も半端ではない。ＡＩ、電子化という時代のツールを使い積極的に使いこなしていくことも重要なテーマだ。

補助金もこれまでは「あげっぱなし、やりっぱなし」で、結果がどうであったかは問われることもないが、分野によっては成果報酬型に切り替えていくのも手だ。これはＳＩＢ手法といわれ、経産省や厚労省でも熱心に研究が進んでいる。実施事例は少ないが、この手法は福祉分野にも強いという特徴がある。

福祉分野にも「成功報酬」の発想を

たとえば児童虐待という大きな課題がある。児童養護施設はどこもいっぱいなのだが、18歳まで子供を預かるとなると年間1000万円以上の行政コストが掛かる。その解決には里親制度、特に養子縁組が有効だということまではわかっている。しかし、この養子縁組がなかなか進まない。有効と考えられるのは、たとえば養子縁組のマッチングをしているNPOに依頼して、成果報酬型で養子縁組を進めてもらうという方法だ。1組のマッチングに200万円を支出しても、トータルで考えると800万円が浮く。それでいて、実際救われる子供が誕生し、新たな家庭を築けて幸せになる親がいる。みんながウィンウィンで行政も助かる。

奈良市では認知症対策にもこのSIBが生かされている。これまでは認知症対策として補助金をもらって民間が対策講座を開いていたのだが、効果があったかどうかはわからない。SIB手法では対策講座を受けてどれだけ認知症が改善されたかを数値化し、それに応じて報酬を支払う。認知症の人が減れば医療費抑制につながり、家族も本人も喜ぶ。何より効果が顕在化されると「対策講座に行ってみよう」という動機にもなる。これもみんなが幸せになれる上にコスト削減ができる好事例だ。

障がい者福祉でも同じようなことがいえる。障がい者はあくまで福祉の対象者で、彼らの生きがいづくり、働く場所の提供は福祉事業として捉えられてきた。共同作業所に入所させ、雀の涙ほどの賃金を支払う。しかし、本来は就労が可能な障がい者をしっかり就労させることが目的だ。今日の人材不足の労働市場は、大変大きなチャンスの到来だ。彼らの就労意欲は高いし、真面目にコツコツやる能力が優れている者や特異な才能を持つ者も多い。問題は、マッチングがうまくいっていないことと障がい者雇用への理解不足とフォロー不足にある。民間企業への就労の実現は生きがいを持って働き、社会に必要とされることを再認識し、自立を果たす。税金で保護される存在から税金を払う存在へ変わる。

高福祉といわれる北欧では、障がい者の自立支援施設に対し、多額の補助金を出す代わりに民間企業への雇用率の年次目標を課している。達成できないと補助金は減額される。彼らを守るべき弱者とするのではなく、経済や社会の一員として扱う。その結果、社会全体の理解が深まり、行政負担は着実に減るのだ。京都市に対しては障がい者の労働市場という観点から保健福祉局だけでなく産業観光局として取り組むべきだと以前から言っているが、未だに過去の発想から抜け出せない。こうした発想の転換が求められるのだ。

これまで、福祉にお金の概念を持ち込むのは不謹慎だという風潮が邪魔をしていたが、そうした概念を捨てて、新たな取り組みを進めることが大切ではないだろうか。

また、公共建築物はいかに税金を使わずに建てられるかがポイントになる。前述の上層階を分譲マンションにして建設費を浮かせた豊島区役所の事例のように、公共施設にカフェやレストランをつくれば利用者の利便性向上にもつながる上に、賃料が入り市税投入を抑えることができる。市営住宅は廃止の方向で進めるべきだが、仮に残すにしても、わざわざ行政でつくる必要はない。空き家率が全国的に14%を超える時代にわざわざ何十億円もかけて建設しなくても、民間に補助を出すだけで同じ効果を得ることができる。海外ではマンションやビル建設の際、一定数の低所得者向け住宅を整備することを条件に容積率の緩和を行っているところもある。これらも、税金ゼロで低所得者向け住宅が整備される。

税金ゼロで「京都市考古学博物館」の建設を

世界の歴史都市は、エジプト考古学博物館やローマ考古学博物館など都市の歴史を1カ所で見学できる施設を持っているところが多い。京都市はどうかというと、考古資料館、歴史資料館、平安京創生館などいくつかの施設を保有しているが、人知れずひっそり存在している。考古資料館に至っては、京都市の外部監査からも「貧相でみすぼらしい」と酷評されている。一方、保有している埋蔵文化財や展示品は素晴らしい。私は以前すべての施設を見学させてもらったが、岩倉具視が襲われた時の駕籠《かご》などが歴史資料館の裏の倉庫に転がっている。これらはすべてを統合して、もっと多くの市民、観光客に見てもらえる施設をつくり有効に活用すべきではないだろうか。

ただし、お金を掛けずにという条件付きだ。

まず、場所は、小学校跡地を使う。これはタダだ。私の見立てでは、三条京阪駅そばの元有済《ゆうさい》小学校か二条城のそばにある元待賢《たいけん》小学校の2校のどちらかがよい。理由は、共に建ぺい率・容積率が高く、6000平方メートルを超える敷地があり、番組小学校として建築物自体に価値があり、とりわけ立地が素晴らしい。有済小は三条京阪駅前という好アクセスであり、校舎にある太鼓望楼《たいこぼうろう》は文化財に指定されている。一方の待賢小も二条城駅から徒歩圏で二条城とセットで回れる。現校舎をベースに改築するのでコストも低く、校舎の保全も同時にできる。

基本的に予算がないので建設に税金は使わない。ジョイントベンチャー型のPFI方式を使い、全額民間資金で建設する。

通常、行政が借金をして建物を改修し、税金を使って運営する。我々の提案は、民間事業者が建物を改修し、建物の維持管理や博物館の運営もやる。民間事業者は入場料収入や併設する施設（レストランや店舗）から収益を上げ、行政からも補助金を受け、整備費用を回収し、利益を出す。一定の費用負担は発生するが、最小限の支出に留まり、基本的に現在各施設に支出しているコストの範囲内で対応できるのではないかとみている。金沢の21世紀美術館のような仕掛けができれば、もちろん行政の持ち出しはゼロになる。

これは、展示系観光資源が弱い京都にとって、そこを埋める一手になる。また、京都市が所有する埋蔵文化財の保有量は20万箱分を超え、増える一方で保管場所や保管コストもバカにならないという問題も一緒に解消したい。山間部の埋蔵文化財の保管庫はセキュリティーも甘く、泥棒が入ったが何も取らずに帰ったという笑い話もあるほど、玉石混淆、とにかく何でも保存している。そこで取捨選択し、重要度の低いものは放出するか、必要とあれば国有財産へ移管すべきだ。とりわけ重要度の低い出土品はこうした施設で思い切って販売すれば、支出も軽減されていいのではないか。そもそも、倉庫に眠らせているくらいなら人に見てもらったほうが、資源の活用の観点からもよっぽどいい。ぜひ、実現に向け取り組んでみてはどうだろうか。

民営化と広域化で税収増を

２０１９年（令和元年）、京都市交通局は突如赤字転落の危機に見舞われた。原因は、民間に委託していたバス会社の撤退によるものだった。これまで市営バスは事業全体の50%を民間に委託することで高コスト体質の直営の職員を減らし、黒字を維持してきた。市営交通の職員は公務員に準じた扱いで高コスト体質で融通が利かないため、自分たちで自主運行すると赤字になるので民間に頼らざるを得ない状況が続いている。しかし、ここ数年続く人材不足と賃金上昇で、委託事業からつぎつぎと民間事業者が撤退を始めたのだ。もはや行き詰まっていると言っていい。しかし、自分たちの権益は手放したくないので、路線の民間移譲も嫌がる。赤字になろうとも、税金で補填してでも路線は維持したい。

そもそも、市営交通が都市交通の担い手として活躍している時代は昔の話だ。政令指定都市のほとんどは、民間交通機関が都市交通を担っている。まだ市営なのは近畿では高槻市と神戸市ぐらいのもので、大阪市もついに民営化に踏み切った。

一方、地下鉄は公営であることが多いが、行政の場合は低金利で巨額の借り入れができるため、公営でしかできなかったからだ。ただ、これも借り入れに関しての話で、日常の運営だけを考えれば民間のほうがサービスもいいし、料金も下がる。事実、京都市の地下鉄も駅職員などをつぎつぎと民間に委託している。問題は巨額の借金を抱えているということだが、今日のように一定返済が進めば公営である必要はもはやない。だからこそ、東京メトロも大阪メトロも民営化を果たしたわけだ。民営化すれば市場から巨額の資金調達も可能になり、それを原資に借金を返済、職員は会社員となり合理化でき、高いサービスが実現する上、うまくいけば運賃の値下げもできる。さらに公営のときは税金が免除され、むしろ税金を食っていたものが、高額納税してくれる大企業に生まれ変わるのだから税収も増える。

大阪市の場合、大阪メトロの株を保有しているので莫大な配当も入っており、合計で100億円以上の収入が自治体に転がり込んでいる。交通局の民営化、またバス路線の民間移譲をしっかり進めることも非常に大きな効果を生む。

水道については広域化が鍵だ。昨年の水道法の改正では「水道を民営化すれば世界の水メジャーに乗っ取られる」とか「改修工事がされない」などいろいろと言われたが、これも本質を理解できていない見方である。そもそも、これから水道を維持するべき地方の自治体がつぎつぎと消滅すると言われている中、地方の水道を守るためには広域化するしかないというのがあの法律の根幹だ。小さな自治体では維持できないが、周辺の自治体が集まって広域水道にすればなんとか維持できる。みんなで使えるインフラはできる限り合理的に広域で利用したほうがいいに決まっている。我々の周りで考えても、京都市周辺の自治体は京都市より水道料金が高い。小さな自治体で大きな施設を維持するのは大変だ。京都市は水は余っているし、海外にも技術協力ができる高い技術力がある。こうしたものをうまく共用する、業務を請け負う、共同利用する、というように自治体の垣根を取り払えばお互いにメリットのあることができる。

関西電力や大阪ガスのように、京都水道株式会社を誕生させることも十分可能だ。ちなみに、広域化は交通の分野でもどんどんやるべきだ。京都市交通局の地下鉄もバスも京都市から出ない。それが市営交通というものだ。しかし場合によっては、近隣自治体の鉄道駅にバスをつないだ方が市民の利便性が上がるケースは多々ある。こうしたことも広域化、周辺自治体との連携を進めると可能になる。そうした検討を早く始めるべきではないだろうか。

部下より給与が安い部長、年収1000万円の平社員

㊐ 次のアからウの問題のうち1つを選び、説明しなさい。
ア　エボラ出血熱
イ　LED
ウ　京都市空き家活用・適正管理条例

これは消防局の消防司令補試験の一部だ。特別難しいとは思えない昇任試験だが、この試験の平均点は100点満点で28点だった。市役所本庁の係長試験と比べて、受験率こそ72%と高いものの、合格する気がないのがありありと伝わってくる点数だ。上司は試験を受けるよう奨励し続けているが、笛吹けど踊らず。ちなみにこの試験の合格点は40点だったそうだ。なぜ、若者は出世したがらないのだろうか。ここでは、財政再建の肝になる問題だらけの人事制度に迫りたい。

役所の給与体系は全部で8階級に分かれ、さらに各階級ごとに100段階以上の号級に細かく分類されている。年功序列色が強烈で、懲戒処分者などを除き、多少問題を起

こそうが、勤務態度が不良であろうが、毎年4号級ずつ給与は増えていく。結果、平職員のままでも、年齢や経験が高ければ、上司よりも給与が高くなる。もう少し具体的に説明しよう。消防局の某若手部長の月給は40万7100円だ。しかし、部下である課長級106人全員が彼より給料が高い。それどころか、この部長は245人の部下より給料が少ないという逆転現象が起きている。

一方で月給39万4800円の平職員が192人もおり、彼らと部長の給与差はほとんどなく、平職員の最高年収は1006万円。なんと2階級上の課長補佐級の最高年収を上回る究極の年功序列なのだ。

役所には職務給の原則（地方公務員法24条）というのがあり、職務に見合った給与を払えというものだが、実態はまったく無視状態だ。これが「出世したくない症候群」の原因だ。同時に、出世したくない症候群が溜まる平社員の最高位（3級・主任職）には消防職員の41%が在籍し、大半が局長、部長、課長級の給与を得ている（他の部署でも同じような結果になる）。これが公務員給与を無駄に引き上げている大きな要因であることも見逃せない。

大阪市ではすでに橋下改革の下、各級の最高額が2階級上の最低給与を超えないよう、上司と部下の給与の逆転現象が少なくなるよう見直しを図っている。優秀な職員に高額な給与を払うのはともかく、年齢だけで法外な給与を出すことは早々に見直さねばならない。

次に、毎年引き上げ続けられる公務員給与についてだ。公務員給与は民間賃金に合わせることになっている。毎年人事院（地方は人事委員会）が民間企業賃金の調査をして、公務員給与を増やせ、減らせと提案する。これを人事院勧告といい、基本的に国や自治体はそれを盲目的に受け入れて、給与を増やしたり減らしたりするわけだ。

「なんで公務員の給与はそんなに高いねん！　民間はそんな儲かってないぞ！」

そんな声が聞こえてきそうだが、その指摘は正解だ。日本の公務員の給与は、世界的に見ても突出して高く（海外では国民の平均所得並みというのが標準だ）、国民の平均所得の1・5倍から2倍近い。なぜそうなるのかといえば、大企業を基準にしているからに他ならない。「国が決めたから」というのは地方の体のいい言い訳で、上意下達の打破、地方分権時代というならば独自に身の丈に合った給与体系をつくるのは当然のことだが、残念ながらそれはしない。

かつて橋下大阪府知事が職員を「赤字企業の従業員」と揶揄したことは有名だが、まさに京都市も同じ状況だ。赤字企業で毎年給与アップはどうにも解せない。

賃金を上げることは本来喜ばしいことだが、これまで守られすぎてきた公務員の給与は見直されて当然だ。不用意な引き上げはもちろん、京都市のような自治体には財政状況が好転するまでは職員一同で我慢をする姿勢が求められる。最終的には地方公務員法を変えねばできないが、年功序列、終身雇用の思想を捨て、市民の役に立つ職員にしっかりと報酬を払い、怠惰な職員は役所を去るというシステムをつくらねばならない。もはや怠惰な職員の面倒を見られるほど市の財布は豊かではないのだ。

もちろん障がい者や高齢者雇用は積極的に進めるべきだ。みんなが就労してくれることが社会を元気にし、ひとりひとりが生きがいを持つ上で大変重要だ。特に知的・精神的障がい者の雇用は課題も多く民間ではなかなか進まない。彼らが社会復帰できるスキームに、行政が積極的に取り組むことは大変意味がある。そして、社会保障費を抑えることにも役に立つ。

役所には正職員でなくてもできる仕事がかなり多い。こうした業務を正職員から高齢者などに移行させれば、高齢者は長年の蓄積を社会に還元でき、行政コストも大きく削減できる。以前、埼玉県志木市にお邪魔したとき、受付職員の対応があまりに良かったので、なぜかと市長に尋ねたところ、「彼は帝国ホテルのホテルマンを定年退職した志木市民なのです。今は有償ボランティアとして手伝っていただいています」と得意げに答えていた。

街に眠る多くの人材を使いこなせていないことを痛感した。

人件費は出費の中で最も大きく、固定費（義務的経費）の大きな部分を占める。重くのしかかる人件費を削減することは、財政再建で最も即効性があり改革の肝になる。しかも、職員の能力を最大限発揮し、頑張れば報われる職場づくりは役所という組織の力を大幅に引き上げる。役所そのものが進化するためには絶対に避けて通ってはならない。

しかし最も抵抗が大きい分野であることも事実だ。京都市は24年間にわたり２人の市職員出身の市長をトップに仰いできた。しかも、２人とも労務畑出身で、労働組合との折衝をしてきた組合に理解がある。それは組織を束ねる上でとても重要なことだが、人事改革ができるかと言えば、それは難しいと言わざるを得ないし、実際人事制度改革はおざなりにされてきた感が否めない。しかし、この人事制度改革なくして行革なし、覚悟を決めて取り組まねばならない最重要課題である。

文化庁の京都移転でメリットはあるのか?

最後に京都で話題の「文化庁の京都移転」についても触れておきたい。

そもそも安倍政権の地方創生の目玉としての登場した官庁の地方移転だが、官僚の抵抗も強く課題も多いことから、ことごとく廃案になり唯一残ったのが文化庁だ。官庁移転は失策だったと見るのが妥当だ。予算交渉や国会対策をはじめ、音楽や映画など芸術分野の本社・本部のある東京との連携は必須であり、文化庁側も230人の職員すべてを移す気などなく、できるだけ東京に残留させたいという思いが強い。また、文化庁の職員の中でも、国家公務員一種合格の官僚は数年の京都出向ですむため抵抗も少ないが、大半の職員は東京に家族があり抵抗も根強いと聞く。

文化庁の京都全面移転は難しいと見るべきで、安倍内閣辞職後は再び関西分室へ格下げされる可能性もある。文化庁に対する過度な期待は禁物と考えるべきだ。

しかし、文化庁移転に欣喜雀躍する京都市は、２０１６年（平成28年）、移転地については地元が提供、建設費用も地元が応分を負担、職員住居も協力すると申し出ている。さらに翌２０１７年度（平成29年度）には移転関連経費、出向職員５人の人件費、文化庁準備室の事務所や文化庁職員の住居まで提供するなど合計１億４８００万円の支出を行っている。これが毎年しばらく続くことに加え、建設費がのしかかる。文化庁の京都移転は、私も賛成なのだが、なぜ国の官庁の必要経費まで、財政難で悲鳴を上げていいる自治体が負担しなければならないのか。

ムードに流されることなく、デメリットや過度な期待に対するリスク、またメリットがあるならそれをどうやって京都へ還元していくのかを冷静に考えなくてはならない。

むすび

人口半減、55万人から22万人。

京都市はかつて激しい苦難に見舞われた。明治の遷都に伴う京都市の人口推移だ。天皇陛下が東京に移られたのに伴い、御用商人、公家、朝廷関係者はほとんどが転居していった。しかし、この危機を岩倉具視公を筆頭とした先人たちは見事に乗り越えた。希望を失い停滞する明治の京都に灌漑、水運、上水、そして日本初の水力発電を含む琵琶湖疏水計画が持ち上がった。膨大な予算、非現実的な工事、市民の大反対、すべてを乗り越え事業は着手され、100年たった今も京都市民の生活を支えている。国家百年の大計とはこういうものだということを、琵琶湖疏水は物語っている。

今、京都には有史以来の入洛客が訪れ、街は混乱しつつある。しかし、京都がこれまで被ってきた辛苦と比べれば大したことはない。

司馬遼太郎は『古往今来』で京都を〝京都国〟と評している。京都はともすれば周りから理解されにくい独自のアイデンティティーと文化を醸成し、今日に至っている。周りから見れば少し独特な気風はあれど、地域政党を主宰している私からすると、それも含めて民意であり、そうした市民とともにどう都市が成長できるかということに主眼を置いている。

京都はそこに住まう町衆と入洛する多くの方々と共に成長する街だ。今も「都《みやこ》」といわれる京都だが、政治の中心地である幕府は鎌倉時代以降京都を離れた。京都は天皇を中心とした文化都市であり、商工都市として栄えてきた。だからこそ、経済都市としての側面に重きを置きつつ、文化首都として発展していくべきだと思うのだ。

そのためには、「訪れやすい、住みやすい」以上に「訪れたい、住みたい」と、多くの人が憧れる街でなければならない。今その憧れは崩れ始め、入洛客を温かく迎えられないという異常事態が発生しつつある。これまでの京都にはなかった事象だ。京都市民が観光客を歓迎し続けることができるように配慮しつつ、これからも国内外の人が訪れたいと思える都市として成長を遂げていくことを強く願うばかりだ。

２０１９年10月

村山祥栄

参考文献

『新・観光立国論―イギリス人アナリストが提言する21世紀の「所得倍増計画」』（デービッド・アトキンソン／東洋経済新報社）
『古都税の証言―京都の寺院拝観をめぐる問題』（京都仏教会／丸善プラネット）
『「シリコンバレー」のつくり方　テクノリージョン型国家をめざして』（東一眞／中央公論新社）
『観光公害―インバウンド4000万人時代の副作用』（佐滝剛弘／祥伝社）
『ドバイにはなぜお金持ちが集まるのか』（福田一郎／青春出版社）
『観光亡国論』（アレックス・カー　清野由美訳／中央公論新社）
『ポートランド―世界で一番住みたい町をつくる』（山崎満広／学芸出版社）
『ハイテク産業都市シアトルの軌跡―航空宇宙産業からソフトウェア産業へ』（山縣宏之／ミネルヴァ書房）

協力／熊本義城　早川遼

京都が観光で滅びる日
日本を襲うオーバーツーリズムの脅威

著者　村山祥栄
2019年12月25日　初版発行

村山祥栄（むらやま　しょうえい）
1978年京都市左京区生まれ。専修大学法学部在学中に衆議院議員松沢成文氏の秘書、卒業後株式会社リクルート勤務を経て2003年京都市議選出馬、市政史上最年少当選後5期を務める。2008年京都市長選出馬、2010年、自ら地域政党京都党結党し、2019年まで代表。2020年の京都市長選に出馬を表明。2012年・16年・19年とマニフェスト大賞優秀賞を3度受賞。2016年から大正大学客員教授。全国地域政党連絡協議会副会長。著書に『京都・同和「裏」行政』『地方を食いつぶす「税金フリーライダー」の正体』（講談社＋α新書）ほか。

発行者　佐藤俊彦
発行所　株式会社ワニ・プラス
〒150-8482
東京都渋谷区恵比寿4-4-9　えびす大黒ビル7F
電話　03-5449-2171（編集）

発売元　株式会社ワニブックス
〒150-8482
東京都渋谷区恵比寿4-4-9　えびす大黒ビル
電話　03-5449-2711（代表）

装丁　橘田浩志（アティック）
柏原宗績

図版／DTP　平林弘子

印刷・製本所　大日本印刷株式会社

ISBN 978-4-8470-6161-5
ワニブックスHP　https://www.wani.co.jp